어, 그래?

상식을 뛰어넘는 상식백과

2

고정 관념을 버려라!
지적 쾌락을 즐겨라!

2

이종주 · 김경훈 지음

어, 그래?

상식을 뛰어넘는 상식백과

아마존북스

어, 그래? 2

상식을 뛰어넘는 상식백과

초판 1쇄 인쇄일 ㅣ 2016년 5월 25일
초판 1쇄 발행일 ㅣ 2016년 5월 30일

지은이 ㅣ 이종주 · 김경훈
일러스트 ㅣ 설지형
발행인 ㅣ 최화숙
발행처 ㅣ **아마존북스**

출판등록 ㅣ 1994년 6월 9일
등록번호 ㅣ 제1994-000059호
주소 ㅣ 서울시 마포구 서교동 377-13 성은빌딩 301호
전화 ㅣ 335-7353~4
팩스 ㅣ 325-4305
e-mail ㅣ pub95@hanmail.net ㅣ pub95@naver.com

ISBN 978-89-5775-172-5 04300
ISBN 978-89-5775-170-1

값 13,500원

우리가 잘못 알고 있는 세계사와 문화와 언어의 진실은 얼마나 될까? 당신은 알려진 세계사와 문화와 언어를 의심도, 비판도 없이 그대로 수용하고 있진 않은가? 왜곡된 세계사와 문화와 언어를 바로잡는 지적 탐험 속에서 우리는 새롭게 창조되는 세계사와 문화와 언어의 올바른 주인이 된다.

차례

6장 안다는 것과 모른다는 것-의문과 우문

1장

뒷면에 숨겨진 세계사 이야기

마라톤 전투의 승리를 전한 사자는
왜 말을 타지 않았을까

다른 육상경기는 100m라든가 1,000m라든가 단위가 딱딱 떨어지는데 비해 유독 마라톤만은 42.195km로 특이한 거리를 갖고 있다. 물론 여기에는 여러 역사적 우여곡절이 있지만 그 첫 번째 기원은 어쨌든 잘 알려진 것처럼 고대 그리스의 고사에서 비롯된 것이다.

기원전 490년 페르시아군을 격파하고 승리한 그리스군은 고향 아테네까지 한 사람의 병사를 승리의 사자로 파견했다. 이 병사는 쉬지 않고 달리고 또 달려 승리의 소식을 전함과 동시에 그 자리에서 숨지고 말았다. 이렇게 달린 거리가 40여 km를 넘는다는 것이 그 고사의 핵심이다. 하지만 1927년 마라톤과 아테네를 실측한 결과는 36.75km에 불과했다.

한편 마라톤 하면 언제나 떠오르는 생각은 왜 그때 그 병사가 말을 타고 달려오지 않았을까 하는 점이다. 기원전 490년이라면 당연히 말이 있었을 것이다.

그러나 당시 그리스에서는 전쟁에 말을 사용하는 관습이 없었다. 적인 페르시아군에게는 이미 기병부대가 있었지만 그리스는 보병들만으로 이에 대항해 승리했다. 그러니 기병대를 격파한 그리스 보병은 당시 세계 최고의 군대라고 할 만하다. 무거운 창과 방패를 지닌 채 야산을 기어 올라가 적과 싸웠던 것이다. 여기에는 좁은 지역 내에서는 기병보다 보병이 재빠른 동작이 가능하다는 장점이 있었다. 하지만 이 전투에서 기병대의 강점을 알았기 때문에 이후에는 그리스군도 기병대를 보유하기 시작했다.

유대인을 고리대금업자로 전락시킨
십자군 전쟁

　십자군은 1096년에서 1270년에 걸쳐 소년 십자군을 포함해 총 10회의 출전을 했다. 왜 십자군이 만들어졌을까. 우리가 흔히 알고 있는 것처럼 단순한 종교적 동기 때문일까.

　십자군을 제창한 교황 우르바누스 2세는 클레르몽 종교회의에서 터키인에 의해 예루살렘 등에 있는 기독교인이 학살당하고 교회가 침범 당하고 있으니 이들을 구해야 한다고 호소했다. 청중은 이 연설에 열광했고 감동을 받아 너도나도 십자군으로 지원했다.

　그러나 십자군이 이러한 종교적 동기만으로 움직였던 것은 결코 아니었다. 우르바누스 교황도 연설 속에서 이러한 사실을 숨지지 않고 드러내어 청중을 부추겼다. 즉, 유럽의 토지가 피폐해지면서 내부의 분쟁이 그치지 않자 〈젖과 꿀이 흐르는 나라〉, 〈신이 자신들에게 내려준 토지〉를 얻으러 가자고 고무시켰다. 세속적인 욕심, 이슬람 토지에 대한 정복욕을 부추겨 십자군에의 참가를 호소한 셈이다. 각지에 파견된 설교승 중에는 동방의 여인이 아름답다라는 사실만을 강조하고 다닌 경우도 있었다고 한다.

이러한 배경에는 유럽이 직면하고 있는 다음과 같은 상황이 존재한다. 11세기부터 13세기까지 유럽의 기후는 그때까지는 한랭기에서 벗어나 비교적 따뜻했다. 게다가 농업기술도 개량되고 개간산업이 활발하게 벌어져 경작지도 확대되었다. 그 결과 인구도 급속히 증대하기 시작했다.

한편 이 시기는 서유럽 봉건체제가 확립되고 장자상속제가 보급되는 시기였다. 그 결과 토지를 지니지 못한 기사가 급증했으며 토지를 둘러싼 분쟁이 빈발했다. 이처럼 봉건사회 내부의 격화된 모순을 해소하기 위해 새로운 토지를 찾아 나선 것이 십자군 전쟁이다.

또한 상공업의 발달로 힘을 증대시킨 도시의 상인은 상업권을 더 확대하기 위해서 대외진출을 노리고 있었다. 특히 북이탈리아의 여러 도시들은 이슬람 상인과 비잔틴 상인을 십자군의 힘으로 배제하고 동방무역의 패권을 장악하려 했다.

이들 십자군 원정에서는 그 당시까지 볼 수 없었던 매우 잔혹한 행위와 약탈, 방화가 저질러졌다. 이것은 십자군 측이나 이슬람 측의 사료를 통해 증명되고 있다. 특히 4차 십자군은 동료 기독교인들을 학살하고 약탈함으로써 로마 교황으로부터 파문을 선고받기도 했다.

    게다가 십자군은 이슬람인뿐만 아니라 유대교인들을 이교
도로 박해해 유대인들을 학살하고 그 재화를 약탈하기도 했
다. 유대인은 상공업, 특히 동방무역에 종사하고 있었는데 10
세기 말 베네치아 등 이탈리아 도시가 동방무역에 뛰어듦에
따라 점차 상업활동에 압박을 받기 시작했고 십자군 원정은
유대인의 무역을 결정적으로 무너뜨리기에 이르렀다.

    카톨릭교회도 십자군 기간 중에 교회회의를 열어 유대인에
의한 기독교인의 고용금지, 양교도의 동거금지, 유대교도의
특별지구 격리수용, 유대인에 대한 차별배치 부착, 유대인에
게 천민의 낙인 부여 등 잔혹한 반유대 정책을 결정했다.

이 결과 유대인은 많은 상업활동에서 쫓겨나 가장 혐오받는 직업인 고리대금업으로 생계를 이어가지 않으면 안 되게 되었다. 세익스피어의 작품 『베니스의 상인』에 나오는 샤일록도 알고 보면 베니스의 상인들에게 쫓겨난 불쌍한 고리대금업자였던 셈이다.

마피아는 왜 마피아라고 할까

영화 「대부」로 유명한 마피아는 원래 시칠리아 농민이 미국에 건너가 갱으로서 시카고의 암흑가를 지배하고 점점 미국 전역으로 조직을 확대해간 것이다. 마약, 도박, 살인 등으로 마피아의 연간 수입은 300억 달러를 넘는다고 한다. 이들을 일컫는 말인 마피아에 대한 해석은 그들의 조직 구조 못지않게 복잡하고 다양하다. 과연 마피아라는 말의 기원은 무엇일까?

그들의 출신지인 시칠리아 섬은 옛날부터 타민족의 지배를 받으며 살아왔다. 그렇지만 섬의 가난한 농민들이 압제자들에 대항해 일어났던 극적인 사건이 하나 있다. 오페라로도 만들어졌던 〈시칠리아의 만종〉이라는 반란이다.

이때 농민들은 〈프랑스인들을 죽여라! 그것이 이탈리아인의 소망이다〉라는 슬로건 하에 투쟁했다. 이 이탈리아어의 머리글자를 합한 것이 MAFIA였고 그것이 마피아의 기원이라고 한다.

그렇지만 「마피아의 탄생」이란 책을 쓴 루이스에 따르면 마피아는 아라비아어의 똑같은 말에서 나온 것으로 〈피난처〉라는 뜻이라고 한다. 11세기 노르만인이 시칠리아를 정복하자 그때까지 섬을 지배하고 있던 사라센인들이 위험에 빠졌다. 이제까지 사라센인은 시칠리아 섬사람들에게 관대한 정책을 펴왔는데 노르만인들은 그들을 추방하고 섬에 봉건제를 복구시켰다. 아랍인의 소작농이었던 사람들의 절반 이상은 새로운 계급제도에서 농노로 전락했다. 그 중 일부가 마피아, 즉 피난처로 도망갔다고 한다.

뉴욕의 마피아에 대한 정통한 탈리스는 다른 의견을 제시하고 있다. 그에 따르면 1282년 부활절 다음날 한 프랑스 병사가 결혼을 앞두고 있는 신부를 강간한 일을 계기로 〈시칠리아 만종〉 사건이 일어났다. 분노한 시칠리아인의 무리가 복수로 프랑스 병사를 살해했다. 사건은 다른 거리로 번져나가 격렬한 외국인 배척운동으로 이어졌다. 며칠 동안 프랑스군 막사를 습격하는 일이 곳곳에서 벌어졌고 수천 명의 프랑스 병사가 살해당했다.

이때 그 신부의 어머니가 미친 듯이 〈마 피아, 마 피아(나의 딸이여)〉라고 외치면서 팔레르모 거리를 질주했다. 그 애통한 절규로부터 마피아의 이름이 탄생했다는 설이다.

그 외에도 마피아는 시칠리아어로 〈허장성세〉란 뜻이라는 말도 있고 〈살인, 강간, 방화, 마약, 밀조〉라고 하는 갱의 5대 사업의 머리문자를 합한 것이라는 설도 있다. 각각의 설들이 나름대로의 설득력은 있지만 어느 것이 정확한 것인지는 알 수가 없다.

그 유명한 바스티유 감옥 습격은 거짓이다

매년 7월 14일은 프랑스 전국민적인 축제일이다. 바로 전제 정치의 상징이라고 할 수 있는 바스티유 감옥을 공격한 날이기 때문이다. 1789년 7월 14일에 일어났다고 하는 이 사건에 대한 대부분의 기록은 바스티유의 15문의 대포가 민중을 향해 불을 뿜어 다수의 희생자가 생기고 사망자가 100여 명에 달했다고 한다. 또 총격이 수 시간 계속되었고 성벽 중의 일부가 파괴되자 성채를 향해 성난 군중들이 노도처럼 밀려들어가 신음하는 죄수들을 해방하고 이들과 함께 파리 시내에서 승리의 행진을 벌였다.

이 바스티유의 공격자라는 칭호를 얻은 836인은 명예연금을 지급받았다. 이 연금은 1874년까지 예산에 계산되었다.

그러나 사실은 이와 다르다. 물론 명예연금이 지급된 것은 사실이지만, 실제로 바스티유 공격은 이루어진 적이 없다고 한다. 유명한 〈공격자〉의 한 명인 에리라고 하는 왕비연대 장교는 〈바스티유는 무력으로 공략된 것이 아니다. 공격당하기 전에 항복해 버렸다〉고 인정하고 있다. 유란이란 스위스 국적의 사나이도 에리와 동일한 발언을 했다. 이 두 사람은 바로 바스티유에 가장 먼저 입성한 사람들이다.

이와 관련해 1789년 혁명정부에게 위임받은 〈바스티유 관계문서 간행위원회〉의 조사질문을 받았던 참가자나 목격자들도 동일한 발언을 했다. 이 조사결과는 민중의 혁명적 영웅행위를 기록으로 남기려고 한 혁명정부의 의도와 전혀 반대되는 것이었다. 그러나 〈바스티유 관계문서 간행위원회〉에서 밝히려고 했던 것은 숨김없는 진실이었다. 따라서 그들은 1789년 간행된 책에서 바스티유 공격의 전설을 사실을 근거로 논박했던 것이다.

〈바스티유는 공격에 의해 점령된 것이 아니라 수비병에 의해 문이 열렸다. 이것은 확실한 사실이고 의심할 여지가 없다〉라고.

또한 바스티유를 공격하려고 나섰던 것도 실제 목적은 이곳에 갇힌 죄수를 해방하는 것이 아니라 그곳에 저장되어 있던 화약을 얻기 위해서였다. 인접한 몇몇의 무기에서 획득했던 총기에 화약이 필요했던 때문이다. 이를 위해 그들은 바스티유 사령관인 드로네와 수 차례에 걸쳐 교섭을 했고, 드로네는 최종적으로 바스티유 전 수비대가 무사히 철수하는 것을 보장하는 조건으로 바스티유를 인도하는데 동의했다. 그러나 이 조건은 지켜지지 않았고 사령관과 다른 네 명의 장교, 그리고 세 명의 일반병이 살해되었다.

이처럼 바스티유 공격에 대한 진상은 직접 참가했던 사람들과 이를 조사했던 사람들에 의해 그 실상이 기록으로 남아 있음에도 불구하고 공식적인 역사적 진실로 인정받지 못하고 있는 것이 현실이다.

현재 바스티유에는 성이 파괴되어 광장이 되었고 자유의 상이 서 있다.

나폴레옹의 러시아 원정 실패는
추위 때문이 아니다

"우리의 파멸은 겨울 때문이다. 우리는 기후에 희생된 것이다."

이 말은 1812년 12월 러시아에서 프랑스로의 귀환에 동행했던 코랑쿨 백작에게 나폴레옹이 한 말이다. 그리고 나폴레옹은 이와 똑같은 말을 파리에서 여러 번 이야기했는데, 이것은 나폴레옹이 철수하기 이틀 전인 12월 3일 작성한 유명한 「제29호 보고」를 토대로 한 내용이다. 후에 세인트헬레나에 유배되어 구술한 회상록에서도 의연하게 "나와 나의 군대를 물리친 것은 이상스럽게 일찍 찾아온 3년에 걸친 겨울 때문"이라고 말하고 있다.

그러나 이것은 사실과 다른 전설이다. 나폴레옹 자신이 앞장서서 이 전설을 세간에 정착시켰는데 이것은 50만 병사의 목숨을 희생시킨 대실패에 대한 자신의 책임을 가볍게 하려는 의도로 보여진다.

〈휘몰아치는 눈, 꽁꽁 얼은 도로와 하천, 사람의 말이 몇 천 씩 동사해 가는 격심한 추위……〉

톨스토이의 장편소설 「전쟁과 평화」와 그 외의 많은 문학, 역사적 묘사 속에 빼놓지 않고 등장하는 이 장면은 역사화를 그리는 화가들의 단골소재이기도 하다.

실제로도 1812년부터 3년에 걸친 겨울은 그 세기를 통해 가장 추운 겨울의 하나였다. 그러나 나폴레옹의 설명과는 달리 겨울은 이상스럽게 일찍 찾아온 것이 아니라 오히려 매우 늦게 찾아왔다.

1812년 6월 24일 나폴레옹은 반은 프랑스병, 나머지 반은 독일병, 스위스병, 오스트리아병, 스페인병, 포르투갈병, 폴란드병으로 구성된 군을 이끌고 러시아를 침공했다. 러시아군은 격돌을 피해 항상 뒤로 후퇴했다. 그러다가 모스크바 전방에서 벌어진 격전에서 쌍방이 7만여 명의 전사자를 낸 끝에 나폴레옹이 승리한다. 결국 9월 중순 나폴레옹은 모스크바에 입성했는데 이상하게 러시아 병사의 모습은 눈에 띄지 않았다.

그런데 16일 밤 모스크바 대화재가 발생해 4일간이나 계속된 끝에 전 시가가 재로 변한 사건이 일어났다. 나폴레옹은 자신이 승리자라고 생각하고 강화를 제의했지만 페테르스부르크에 주둔해 있던 러시아 황제 알렉산더는 이를 단호히 거부했다. 모스크바에 있던 나폴레옹은 여유를 부리며 페테르스부르크로부터의 회답을 기다렸지만, 회답은 오지 않았다. 스스로 한탄한 것처럼 때를 놓친 것이다. 결국 철수할 수밖에 없었다. 철수개시는 10월 19일이었다.

12월 3일의 그 보고에서 나폴레옹은 다음과 같이 주장했다. 〈11월 6일까지 날씨는 좋았고, 군의 이동은 성공리에 끝났다. 한파가 찾아온 것은 7일로 이날부터 우리는 매일 밤 수백 마리의 말을 잃었다. 추위는 갑자기 기승을 부렸고 14일부터 15, 16일 밤에 온도는 여하 16 내지 18도를 기록했다. 도로는 얼음으로 덮여 미끄러웠고 기병대, 포병대 등의 말이 매일 밤 수백, 수천 마리씩 죽어갔다. 며칠 동안 3만 마리 이상의 말이 쓰러져갔다……. 우리는 대량의 포와 무기, 탄약, 식량을 버리거나 파괴시키지 않으면 안되었다. 6일까지는 아직 화력함을 잃지 않았던 우리 군대가 14일에는 그림자와도 같은 존재가 되었다. 기병이 없다면 수송차량도 없는 것이다…….〉

11월 25일, 26일, 27일 2개의 임시 다리가 만들어진 베레시나 강을 건너게 되었다. 후대에 그려진 몇몇 그림은 병사들이 강을 건널 때 엄청난 눈과 거대한 얼음의 흐름과 싸우는 모습을 그리고 있다. 나폴레옹 전기작가인 안드레이 머로우는 여기에다 소설적 과장을 덧붙여 베레시나 강 도하 때의 기온은 영하 35도로 러시아군의 유탄에 의해 얼음이 깨졌다고 적고 있다. 그러나 실제 베레시나 강은 그때까지는 전혀 얼지 않았다.

한파가 빨리 찾아왔다는 나폴레옹의 말에 과장이 덧붙여졌다는 사실은 목격자의 보고와 아울러 헬싱키중앙기상청연구소가 소유하고 있는 당시의 방대한 기상기록에서도 명확히 드러난다.

이 기록은 최근 들어 재평가되고 있는데 이미 1881년 페테르스부르크 중앙물리관측소의 당시 소장이 공포한 정보를 뒷받침하고 있다.

이에 따르면 1812년 10월은 평년보다 따뜻했고 평균기온은 키에프에서 영상 10.6도, 바르샤바에서 10.2도, 리가에서 7.7도, 레발에서 6.6도였다. 문제가 되는 11월도 평년보다 따뜻했으며 나폴레옹이 주장하고 있는 한파와는 거리가 멀었다고 한다. 키에프에서 11월 한 달의 낮 평균온도는 영상 1.8도였다. 최저 기온은 모스크바 근교에서 기록되었는데 영하 8도였다. 따라서 나폴레옹이 보고에서 이야기한 영하 16도와 영하 18도는 이 자료와 전혀 맞지 않는다.

그런데 왜 이처럼 나폴레옹의 전설이 사실처럼 전해지고 있는 것일까. 황제는 파리로 먼저 돌아갔지만 남아 있는 병사들은 이러한 기온보다 훨씬 심한 추위를 1, 2주 후인 12월이 되어 실제로 체험할 수밖에 없었다. 귀환자는 고국에 돌아가 이 혹심한 추위에 대해 이야기했고 이것에 의해 나폴레옹의 말이 신빙성을 갖게 된 것이다. 실제로 수만 명이 동사했던 것은 12월이 되어서였다.

그리고 그것은 겨울이 일찍 찾아와서가 아니라 나폴레옹의 모스크바 철수개시가 늦어진 데다 준비부족이 겹쳐졌기 때문이다. 나폴레옹 군에게는 20일 분의 식량이 있었지만 말의 먹이는 1주일 분밖에 없었고 철수 중에는 충분한 보급을 받는 것이 불가능했다.

결국 50만 명의 병사 가운데 러시아 국경을 넘은 사람은 불과 2만 정도에 불과했다.

고대 올림픽 선수들은 모두 프로선수였다

올림픽이 열리는 기간 동안 신문지상에는 금메달을 따면 돈을 얼마나 번다는 둥, 올림픽 중계료로 IOC가 엄청난 수익을 올린다는 둥, 금품과 관련된 기사가 끊이질 않는다. 이미 프로들에게도 개방된 부문이 많이 있어 과거와 같은 아마추어리즘이 상실된 지도 오래다. 날이 갈수록 스포츠의 상품화가 거세어지고 과거 올림픽 정신은 퇴조하여 이를 한탄하는 사람들이 늘어나고 있다.

〈고대 올림픽에서는 스포츠가 아직 순수한 형태로 행해졌다. 올림픽 경기자들은 금전을 위해서가 아니라 명예를 위해 땀을 흘렸고 승리자가 받는 것은 야생 월계수관이라고 하는 상징적인 것뿐이었다. 그것에 반해 우리들의 이기적인 사회에서는 프로 스포츠만이 존재한다. 고대 그리스에서 보이는 것과 같은 아마추어리즘은 존재하지 않는다. 돈을 둘러싼 소문과 소동이 끊이지 않는 프로 스포츠가 올림픽 이념을 훼손

하고 있다.〉

　이런 내용의 기사는 올림픽이 열리면 어느 신문이나 빼놓지 않고 등장하는 단골메뉴다. 그렇지만 이것은 고대 그리스 올림픽에 관한 완전한 오해에 근거하고 있다. 이미 2500년 전부터 올림픽 경기에서 아마추어는 존재하지 않았다. 경기자들은 모두 프로였다. 그리고 이들 직업경기자는 대개 뛰어난 능력의 소유자들로 성공의 목표는 거액의 돈이었다. 올림픽 승자에게 주어지는 것이 월계수관뿐이었다는 말은 사실과 틀리지 않다. 현대의 올림픽도 시상대에서는 메달만 줄 뿐이다. 옛날이나 지금이나 올림픽 시상대에서 직접 돈을 건네주지는 않았다. 그러나 승리는 승리자들에게 단순히 명예, 명성만이 아니라 그 이상의 것을 보장해주었다. 올림픽 승리자는 동상과 문자판이 만들어져 올림피아에 전시되었다.

　게다가 승리자는 고향으로 돌아가면 많은 보수가 약속되어 있었다. 그리스의 모든 도시는 우승자가 자기 시민임을 자랑스러워했다. 선수들은 이미 훈련할 때부터 도시의 특별원조를 받는다. 경기장, 코치, 마사지사, 의사, 특별식을 위한 요리사, 훈련파트너 등의 경비가 이 특별기금에서 지출된다. 그리고 기금으로부터 지출되는 마지막 돈이 승리에 대한 보상금이다.

　올림픽에서 승리한 사람은 고향 도시에서 대대적인 환영을 받는다. 대개의 경우 승리자와 그 가족은 시에서 제공하는 음

식을 평생 먹을 수 있는 권리를 얻는다. 또는 연금이 나오든 가 세금이 면제된다. 금품을 주는 일도 흔한 경우다. 아테네의 정치가 솔론(기원전 600년경)은 아테네 출신 올림픽 승리자 모두에게 500드라크마를 지급했다. 500드라크마이면 당시 병사 한 사람이 2년간 병역에 복무해야 얻을 수 있는 금액이다.

그러나 올림픽 승리자의 가장 큰 이익은 인기와 함께 그 평가도가 높아지면서 다른 경기에서 시드배정과 같은 혜택을 받는다는 점이다. 당시는 올림픽대회 외에도 정기적으로 커다란 대회들이 개최되었다. 퓨티아대회(델피에서 원래 8년마다, 기원전 582년 이후는 올림픽과 마찬가지로 4년마다 개최됨), 이스톰스대회(코린토 지역에서 2년마다 개최), 네메이아대회(클레오나이와 플레아우스에서 2년마다 개최) 등이 그것이다. 올림픽과 겹치지 않도록 일정이 잡혀진 이들 경기에서 경기자의 마음을 사로잡은 것은 결코 월계수관 등이 아니고 무엇보다 고액의 상금이었다. 5종 경기 선수를 제외하고 고대 시대의 경기자들은 올 라운드 플레이어가 아니라 대체로 한 종목만(예를 들면 달리기, 레슬링, 권투, 승마, 전차경주)을 전문적으로 하면서 여러 경기장을 순회했다. 위에서 열거한 그리스 4대 전국대회 외에도 연간 300여 개의 소규모 지방대회가 개최되는데 상당한 상금이 걸려 있었다. 미국의 고대역사가인 M.I. 핀레이의 보고에 따르면 어떤 올림픽 우승자에 대해 어떤 지방대회는 참가하는 것만으로 30,000드라크마를 지불했다고 한다. 이것은 당시 웬만한 사람이 백 년 동안 일하지 않고도 살 수 있는 엄청난 금액이다. 이 숫자가 과장된 것일 수도 있지만 어쨌든 그리스 직업선수가 큰 수입을 올렸다는 것, 걸린 상금이 파격적일 정도로 거금이라는 것만은 확실하다.

이런 조건이라면 시합도 격렬하고 무엇보다 연습과정이 가혹하리라는 것은 충분히 상상하고도 남음이 있다. 트레이너는 언제나 채찍을 손에 쥐고 선수들을 훈련시킨다. 우리들이 품고 있는 〈고귀하면서도 소박한〉 그리스인들의 이미지와는 상당히 다르지만 어쨌든 사실은 사실이다. 특히 기원전 4세기 이후 커다란 스포츠대회에서는 이미 매수와 담합이 성행했다고 한다.

백년전쟁의 실제 전쟁 기간은

14~15세기에 걸쳐 프랑스와 영국은 백년전쟁이라고 불리는 전투를 끊임없이 계속했다. 이 백년전쟁은 위기의 프랑스를 구한 오를레앙의 소녀 잔 다르크가 등장하는 등 갖가지 에피소드가 많이 남아 있다.

하지만 진짜로 두 나라는 100년 동안이나 싸웠던 것일까?

백년전쟁이 시작된 것은 1330년대 말이다. 그리고 전쟁이 끝난 것은 1453년이다. 이것만 보면 두 나라는 무려 120년이 넘게 싸웠다고 할 수 있지만, 실은 이 사이사이에 휴전이 몇 차례 있었기 때문에 이를 계산에 넣어야 한다. 때로는 12년 동안 휴전이 계속될 때도 있었다. 가장 길었던 전쟁기간은 20년 정도라고 한다.

또한 당시의 기사는 연간 40일만 종군하는 것이 관습이었기 때문에 대규모 작전을 오랜 기간에 걸쳐 수행하는 것은 거의 불가능했다. 게다가 기후가 좋았던 여름에만 군사행동을 취했다고 한다.

이처럼 백년전쟁이라고는 하지만 실제 전투기간은 생각보다 짧았고 민중들이 전쟁에 대해 염증을 느낄 만큼 소규모 전투만이 지루하게 되풀이되었다는 것이 그 진상이다.

또한 역사적으로 가장 오래된 장기 전쟁 중의 하나가 트로이전쟁이다. 이것은 그리스의 도시연합군이 트로이에 원정을 간 것이기 때문에 백년전쟁과는 상황이 다르지만, 용호상박의 영웅들이 벌이는 웅장한 전쟁이었다는 우리들의 상식과는 상당한 거리가 있다.

즉 20년 가까운 동안 전쟁이 벌어지면서도 전략적으로 중요한 전투는 그리 많지 않았고 오히려 그리스군이 트로이동맹국, 즉 주변의 나라를 약탈하는 소규모 전쟁이 대부분을 차지했다.

역사는 이처럼 조금만 세심히 들여다보면 우리가 일반적으로 가지고 있는 이미지와 다른 경우가 많다. 이는 대부분의 사람들이 화석화된 기록이나 윤색된 전설을 사실로써 너무 쉽게 받아들이기 때문이다.

왜 금행(金行), 전행(錢行)이 아니라 은행(銀行)이 되었을까

중국에서는 원대 이래에 서방과의 무역이 발달하면서 많은 은이 유입되어 그 이전에 사용하였던 동전 대신 사용되었다. 그것은 대부분 도자기나 차, 그리고 비단을 수출해서 얻은 것이었다. 게다가 서양에서 아메리카의 멕시코로부터 가지고 온 많은 은이 중국에 유입되어 명대(明代)가 되면서 화폐의 수납을 은으로 받은 세제가 확립되었다.

하지만 국가에 납부된 은을 녹여서 이전처럼 화폐로 만들어 사용했던 것은 아니다. 그냥 은 덩어리를 그대로 이용하였는데, 그로 인해 많은 문제가 발생했고 민중들은 더 많은 고통을 당했다.

은 덩어리로 세금을 내다보니 정확한 양을 재는 저울이 필요했다. 그런데 관청에서 사용하는 것이 민간에서 사용하는 것과 달라서 두 배 이상의 은을 내는 경우가 허다했다. 게다가 정해진 양을 맞추기 위해서 은 덩어리를 자를 경우 마모분

이 생겼기 때문에 손해를 입을 수밖에 없었다. 그것으로 모든 일이 끝나는 것이 아니다. 관청이 아주 멀리 떨어져 있었기 때문에 세금을 대신 납부해 주는 청부업자에게 수고비를 주어야 했으니 완전히 배보다 배꼽이 큰 경우가 많았다.

이처럼 은이 화폐로 사용되면서 돈과 은은 같은 개념으로 여겨지기 시작했다. 현재 은행(銀行)이라는 말도 여기에서 유래한 것이다. 행(行)이란 원래 상인들의 동업조합을 가리키던 말로 은(銀)과 합쳐서 현재의 은행이 되었다.

이슬람교도가 가장 많은 나라는

　세계에서 이슬람교가 가장 발전된 지역 하면 쉽사리 중동지역을 떠올린다. 사우디아라비아를 비롯하여 이란, 이라크 등의 중동 국가가 이슬람을 대표하는 것으로 생각된다. 하지만 세계에서 이슬람교도가 가장 많은 나라는 신도수가 1억이 넘는 동남아의 인도네시아다.

　그렇다면 어떻게 이처럼 인도네시아에 이슬람교를 믿는 사람이 많은 것일까? 그것은 바로 중동인들의 동방무역과 관련이 있다. 만화영화로 잘 알려진 신밧드가 여행한 지역이 바로 인도네시아로, 바닷길이 열린 이후 이곳은 서양인들이 들어와 활동하기 이전까지 아랍인들이 활약하는 무대였다. 따라서 이들을 중심으로 각지에 상업중심도시가 성립되었고, 그 도시를 중심으로 이슬람교의 전파가 이루어졌다.

　우리는 이슬람교의 전파 하면 〈한 손에는 코란을 한 손에는 칼〉을 들고 이루어졌다고 알고 있다. 이렇게 이슬람교가 성전을 통해서 그 주변지역을 정복한 것은 대개 중동지역에 한정되고 초창기의 일이다. 만약 그들이 그런 방식을 지속적으로 유지했다면 아마도 이슬람교는 좁은 지역의 종교로 한정될 수밖에 없었을 것이다.

하지만 이슬람교의 전파는 수피(Sufi)라고 불리는 신비주의자들이 주로 담당했다. 이들을 신비주의자라고 부르는 이유는 경직된 종교의 원리보다 금욕적인 생활을 통해서 민중에게 다가가 그들이 원하는 것을 충족시켜주는 방식으로 종교를 전파했기 때문이다. 특히 이들은 각 지역의 특성이나 비교리적인 문화들에 대해서도 그를 터부시하지 않고 받아들이는 융통성을 발휘했다.

따라서 중앙아시아 지역을 비롯하여 중국 서북, 나아가 바닷길을 통해서 동남아시아 지역에 광범위하게 이슬람교가 전파될 수 있었다. 대표적으로 중앙아시아 사막지대에서는 수피들이 물을 발견하거나 병자의 병을 고쳐주어 그 지역 사람들로부터 성자로 추앙받는 경우가 많았다.

또한 이슬람교도들은 자신이 지배하는 지역에서 주민들이 개종을 하여 이슬람을 믿는 경우에는 세금을 경감시켜 주었기 때문에 신도를 많이 확보할 수 있었다. 하지만 그런 와중에도 다른 종교에 대해서는 관용적인 태도를 취했는데 기독교인이나 유대교인은 이슬람교도보다 세금만 많이 내면 자신의 종교를 갖는 것이 허용되었다. 따라서 기독교 세계에서는 이슬람교도가 살 수 없었지만 이슬람 세계에서는 지금도 많은 기독교 신자들이 살고 있다.

만리장성은 정말 방어용인가

    인간이 만든 건축물 중에 달에서도 볼 수 있는 유일한 것이 바로 만리장성이다. 이것은 길이로 따져서 약 6,400km로 동으로 산해관에서 출발해서 가유관까지 이르는 성벽이다. 특히 만리장성은 북방의 유목민족을 막기 위해서 진시황(秦始皇)이 건설한 것으로 유명하다.

    하지만 이것은 진시황 시기에 건설되었다고 하기보다는 그 이전 시기인 전국시대에 만들어진 조, 연, 진나라의 북방 장성을 연결했다는 것이 정확한 표현이다. 전국시대에 장성을 쌓게 된 것은 이 시대부터 국가의 영토에 대한 개념이 생겨 서로의 분명한 국경선을 확정하기 위함이었다. 그 이전에는 도시국가 형태였기 때문에 국경이란 개념이 거의 없었다.

    현재 우리가 볼 수 있는 장성은 이 진시황이나 전국시대의 것이 아니라 명대, 즉 15~16세기에 쌓여진 것들로 단단한 벽돌로 이루어져 있다. 그리고 이것은 국경선을 확정하기보다는 군사적인 목적이 강하다.

그렇다면 진대의 장성은 어떤 모양이었을까? 그것은 대부분 흑벽으로 높이는 약 2.5미터 정도였다. 이 정도의 높이로 과연 북방 유목민족의 대대적인 침입을 막을 수 있었을까? 게다가 만리장성을 모두 방어하려면 엄청난 숫자의 병사가 필요했을 것이다. 때문에 그 장성은 방어용으로는 좀 부족하다는 느낌이 든다.

그렇다면 무엇 때문에 이 장성을 쌓았을까? 이 문제는 그 장성이 어디에 쌓여져 있었는가 하는 점을 보면 쉽게 알 수 있다. 대체로 진대의 장성은 강수량이 500mm 정도의 지역을 따라서 쌓여 있다. 즉 농경과 유목의 경계선을 따라 만들어졌다. 이것은 바로 유목민들이 가축을 이끌고 농경지대에 들어오는 것을 막고자 하는 경제적인 이유가 있었기 때문이다.

이 경제적인 이유와 함께 진시황이 장성을 쌓은 또 하나의 이유는 자신이 중화(中華)의 황제가 된 이후에 오랑캐의 영역과 자신의 세계를 구분하고자 하는 관념이 앞섰기 때문이다. 황제가 자신의 세계를 확정하고 권위를 세우기 위해 수많은 민중들을 동원해 성을 쌓는 작업을 강행한 셈이다.

유럽의 마녀사냥 시기에
정말 마녀가 있었던 것일까

13세기부터 16세기까지 유럽에서는 사회적인 혼란 속에서 페스트와 같은 전염병이 만연하자 그 원인이 마녀에 있다고 생각해 마녀사냥과 마녀재판이 횡행하였다.

대개 러시아나 아랍지역보다는 로마 카톨릭과 신교가 지배하는 지역에서 주로 진행되었다. 그 당시 사람들은 악마가 아름다운 천사의 가면을 쓰거나 아니면 훌륭한 신체적 조건을 갖고 나타난다고 생각했다. 그래서 아름다운 용모, 좋은 체격을 가진 남녀는 신앙에 열중하여 마녀로 보이지 않으려고 애썼다. 특히 어린 소녀는 한층 더 조심하지 않을 수 없었다.

초기에는 마녀를 기독교를 믿지 않는 이교도들 가운데 무당을 주로 그 대상으로 보았지만 이후에는 주로 이단자를 마녀로 규정하였다. 마녀를 확인하는 방법도 매우 잔인했다. 마녀는 신체의 어느 부분에 얼룩과 같은 마크가 있어 그 부분에는 감각이 없다고 생각했다. 따라서 그 부분을 찔러 만약에 통증

과 출혈이 없으면 마녀로 판정하였다.

이렇게 마녀를 감별해내는 사람을 바늘겨레사라고 불렀는데 나중에는 돌팔이 바늘겨레사들이 많이 생겨나 피부에 닿으면 바늘이 속으로 들어가는 물건으로 아무나 마녀를 만들어 내서 돈벌이를 했다고 한다.

이렇게 마녀사냥과 재판이 횡행한 지역은 대개 대도시 주변의 소도시나 농촌이었다. 이것은 근대화에 따라 사회의 이동성이 높아지면서 낯선 사람, 여행객, 군인 그리고 전염병 등이 조용한 마을에 들어오는 것을 막을 방법이 없는 사람들 사이에서 〈의심〉이 생겨난 것이 주요한 원인이라고 할 수 있다. 특히 당시 만연한 페스트는 그런 인간의 심성을 자극하기에 충분했다. 즉 페스트나 기근이 발생하면 그 빌미를 대개 외부인이나 주술적인 일에 종사하는 사람에게 돌리게 되었다.

결국 마녀사냥은 중세에서 근대화로 넘어가는 과정에서 나타난 여러 가지 고통들에 의해 유발된 사회적 흥분상태라고 할 수 있다.

왜 페스트가 중세도시를
완전히 파괴하게 되었을까

 14세기 유럽은 동방에서 들어온 페스트로 인해서 중세 말기의 번영이 다시 와해되었다. 그렇다면 이 페스트는 얼마나 많은 피해를 가져왔고, 그 중에서도 중세에 발전한 도시들이 파괴될 수밖에 없었던 이유는 무엇인가?

 페스트는 한 번 감염되면 전신의 피부가 검게 변한 채로 죽기 때문에 일명 흑사병이라고 불린다. 1347년 최초로 흑해 연안의 크리미아반도에서 발생하여 흑해, 에게해, 이오니아해를 거쳐서 남이탈리아에 들어와 1348년에는 프랑스, 독일, 그리고 북유럽까지도 순식간에 확산되었다.

 이렇게 페스트가 유럽에 전파된 것은 중세에 발달한 원격지 무역을 통해서 그 물건들 속에 페스트균을 갖고 있는 쥐를 데리고 들어왔기 때문이다. 그런데 이 무역이 바로 중세의 도시들을 거쳐서 이루어졌기 때문에 그를 따라서 페스트가 전파되었다는 것은 매우 당연한 현상이다.

이 중세 도시들은 대체로 상인들과 수공업 길드가 중심이 되어 자치권을 갖고 있었다. 이곳은 주변으로부터 독립되어 있었지만 늘 공격의 위협에 놓여 있었기 때문에 성곽으로 둘러쳐져 있었다. 게다가 당시 도시에는 상하수도 시설이 매우 형편없었기 때문에 위생상태는 극도로 불량했다. 따라서 이런 비위생적인 도시에 감염력이 아주 강한 페스트가 한번 닥치면 많은 희생자를 낳을 수밖에 없었고 그로 인해 많은 도시가 철저하게 파괴되었다.

주로 페스트는 선 페스트와 폐 페스트 두 가지가 있는데, 3일 만에 죽는 폐 페스트가 주로 많은 희생자를 가져왔다. 정확한 통계는 없지만 이 시기에 전 유럽 인구를 1억 정도로 추정할 때 1/3~1/5 정도가 죽었다고 한다. 그리고 그 주요한 피해의 대상은 대부분이 도시에 사는 사람들이었을 것으로 추측된다.

페스트의 피해는 단순히 유럽에 한정된 것은 아니었다. 아랍지역에도 그 정도의 숫자가, 그리고 중국도 유럽의 반 정도의 숫자가 페스트의 피해자였다.

당시 페스트의 원인에 대해서도 죽음의 신 때문이라는 설, 대기 오염설, 유대인설, 마녀설, 곤충설 등 다양한 억측이 있어 사회불안을 가중시켰다. 대체적인 이유는 당시 악천후로 인한 흉년과 만성적인 영양실조상태, 그리고 도시화에 따른 사람과 물자의 빈번한 유동이 그 원인이었다. 이 페스트는 중

세 말의 끊임없는 전쟁, 마녀사냥과 아울러 근대사회로 나아
가는 하나의 서곡으로 인식되고 있다.

우크라이나와 러시아의 갈등은 무슨 이유일까

　우크라이나와 러시아 사람들의 원류를 이루는 민족을 〈루시〉라고 부른다. 하지만 이들은 서로 역사적으로 숙명적인 라이벌 관계를 갖고 있다. 그래서 지금 소련이 붕괴한 이후에도 갈등관계를 갖는 라이벌 국가가 되었다. 그렇다면 그 이유는 무엇일까.

　먼저 우크라이나의 중심지인 키예프는 882년에 남북 루시를 통일하여 국가를 건설한 이후, 988년에는 블라지미르가 그리스정교를 받아들여 국교로 하면서 이 지역의 종교적 문화적 중심지가 되고 모든 루시의 대표가 되었다.

　하지만 1240년 몽골의 침입을 받은 후 키예프는 완전히 파괴되고 이 루시들은 몽골의 키예프공국에 의해 약 200여 년의 지배를 받게 되었다. 이때 문화적으로 소외되었던 모스크바가 몽골의 세금징수를 대행하게 되었다.

　이에 따라 모스크바는 점차 정치적으로 성장하여 몽골을 대신해 주도권을 갖게 되고 루시를 대표하는 정치세력으로 커나갔다. 이반 3세 시기에 모스크바 대공국은 통일을 완성하여 1480년 마침내 몽골의 지배에서 벗어난다.

또한 이반 3세는 비잔틴 마지막 황제의 조카인 소피아와 결혼하여 동로마제국의 후예임을 자처하고 〈짜르〉라고 칭했다. 이로써 모스크바는 루시의 중심이 되었고 이전의 중심지역이었던 키예프는 〈변방〉을 의미하는 우크라이나라는 명칭으로 불리게 되었다.

결국 두 나라의 입장이 뒤바뀌게 된 셈이다. 그것은 모두 몽골의 침입에 기인한다. 그런데 모스크바, 즉 러시아는 이런 몽골의 지배를 통해서 자신의 정치적인 권력을 획득하였기 때문에 몽골의 지배를 〈타타르의 멍에〉라고 부르며 몽골에 대한 부담을 의식하면서 살아왔다고 한다.

남녀유별의 가치관이 남아 있던 19세기 말, 남자 선생은 여학생을 어떻게 가르쳤을까

우리나라에서 여자들이 공식적인 교육을 받기 시작한 것은 겨우 130여 년 전 일이다. 1886년 이화학당(설립자 스크랜턴)이 최초의 여성교육기관이었고 이듬해 정신여학교(설립자 엘러스)가 생겼다. 그러나 여성교육에 대한 관심이 없었던 우리나라 사람들은 여학교로 딸을 보내지 않았다. 그래서 이화학당은 1887년에 불과 7명의 학생이 있었던 것이다.

학생이 없을 정도니 가르칠 교사도 문제가 되었다. 성경이나 영어 등은 여선생이 있었지만 특히 한문과 같은 과목은 남자 선생을 불러야 했다. 그러나 〈남녀칠세부동석〉의 전통이 강한 한국에서 남자 선생이 여학생을 가르친다는 것은 상상도 하기 힘든 일이었다. 스크랜턴 학당장도 이 사실을 잘 알고 있었다. 그래서 묘안을 짜내게 되었다.

그것이 바로 휘장이다. 조선시대의 의원(醫員)들이 양가집 규수나 부인들을 진맥할 때 손목에 실을 매어 문밖에서 했듯

학교 교실에 칸막이를 설치한 것이다. 남자 선생은 학생들을 전혀 보지 못한 채 수업을 했고 학생들도 목소리로만 선생의 강의를 들었다.

휘장식 수업이 진일보한 상태는 더 우스꽝스러웠다. 휘장이 없어진 대신 학생과 선생이 서로 얼굴을 마주치지 않으려고 여러 가지 약속을 하게 된 것이다. 선생은 주로 기침으로 자신의 의사를 표시한다. 교실에 들어오기 전에 자신의 등장을 알리고 또 교실에서는 수업 시작을 기침으로 알린다. 학생들은 교실 밖에서 선생의 기침소리를 들으면 일제히 반대편 교실 바깥으로 얼굴을 돌린다. 그리고 다시 한 번 건기침을 하면 칠판이 놓여 있는 정면을 향한다. 이때 선생은 학생들을 등지고 칠판만을 향하게 되어 있다. 수업이 다 끝나면 또 한 번의 기침, 학생들은 다시 고개를 돌리고 선생은 교실을 나가면서 다시 한 번 기침을 해서 학생들에게 자신의 퇴장을 알린다. 우리네 〈남녀칠세부동석〉의 전통은 이처럼 철저했던 것이다.

이름(명패)을 삶아 죽이는 형벌

조선시대에 팽형(烹刑)이라는 형벌이 있었다. 극형의 일종이었는데 가마솥에 죄인을 넣고 물을 끓여 삶아 죽이는 아주 비정한 형벌이었다. 그러나 조선 후기에 오면서 사람을 삶아 죽이는 팽형은 사라졌다. 대신 죄인의 이름을 적은 나무팻말을 솥에 넣고 삶았다.

그런데 이 형벌은 효과가 과연 있었을까? 요즘 같으면 감옥에서 몇 년 썩느니 이 형벌이 훨씬 낫다고 생각할 것이다. 사실 사형집행을 대신하는 형벌이니 현재 감옥에 있는 사형수들이 듣는다면 얼씨구나 좋아할 것이다. 하지만 유교의 전통이 굳건했던 조선시대에는 그렇지 않았다.

팽형을 당한 죄인은 당일로 형식적인 장례를 치렀다. 그리고 공민권도 상실 당했다. 죄인은 공식적으로 죽은 목숨일 뿐만 아니라 평생 실제로 죽은 사람처럼 지내야 했다. 이와 같은 이름에 대한 형벌은 조그만 마을에서도 있었다. 마을의 향

약에서도 매를 치는 태형(笞刑)보다 이름을 적어 저자거리에
내거는 괘명(掛名)이 훨씬 중한 벌이었다.

　이처럼 가문을 중시하고 이름을 중시하는 유교적 풍습 속에
서 이름을 공개사형 당한 처지로 산다는 것은 너무나 치욕적
인 일이었다. 정명사상(正名思想), 혹은 명교(名教)라 할 수 있
을 만큼 우리 조상들에게 이름은 중요했다. 따라서 우리 조상
들은 이름을 삶아 죽이는 형벌에서 실제 자신이 죽는 것보다
더 큰 아픔과 치욕을 안고 살아야 했다.

마피아는 실재하는가

미국 마피아는 이탈리아 농민의 대량이주에 의해 뉴욕, 세인트루이스, 시카고, 클리블랜드 등에 조직이 생겨났다. 마피아는 다른 세력을 몰아내고 그 세력을 확대해 미국식의 독특한 갱조직으로 발달해 왔다. 미국 전토에 24개의 커다란 〈패밀리〉가 있으며 그 주요한 대표자들로 이루어지는 커미션(전국위원회)은 조직 간의 분쟁을 조정하는 권위를 갖고 있다. 그러나 마피아가 실재하는가를 의문시하는 범죄학자도 있어, 적어도 단일조직은 없는 것으로 보고 있다.

유로도로의 시작

자동차 유로도로는 약 150년 전 영국에서 시작됐다. 당시는 증기 자동차 시대였는데 이를 눈엣가시로 여긴 철도회사는 국회에 압력을 넣어 1865년〈적기법(赤旗法)〉을 통과시켰다. 이 적기법은 시외에서 시속 6.4km, 시내에서 3km라는 극도로 제한된 속도를 자동차에게 강제했다. 차 앞에 낮에는 적기, 밤에는 등을 든 사람이 앞서 가면서 위험 경고를 발하도록 한 것이 이 법의 내용이다. 또한 노상에서의 통행세로 무거운 세금이 매겨졌다. 통행세 징수소인 〈턴파크〉라는 건물도 들어섰다. 재정이 악화되자 이 징수소도 증가해 런던 근교 도로에는 100m마다 징수소가 만들어질 정도였다고 한다.

성의 역사

성은 적의 습격에 대비해 흙, 돌 등으로 만든 방어시설의 총칭이다. 성이 언제부터 만들어졌는가는 확실치 않지만 고대 이집트에서는 이미 대규모 성이 만들어졌다. 그리스 로마 시대에는 성곽건축으로서 완성되었다. 성은 지역에 따라 그 개념이 다르고 또한 구조도 다르다. 유럽의 성은 왕이나 영주가 그 영토 안에 구축한 요새를 가리키며, 현대에 이르러서는 당당한 대저택이나 귀족, 부호들의 저택을 가리키기도 한다. 중국의 성은 성곽도시, 도성(都城)과 정성이 있고, 동남아시아도 대체로 도성이 많다. 일본은 지방 영주의 거성으로 구축한 성이 잘 보존되어 있다. 우리나라의 성은 매우 다양하여 도성, 읍성, 산성, 행성(行城:장성) 등이 있으며 이 중에서도 산성이 가장 보편적이어서 일본의 성과는 대조를 이룬다.

음력생일과 양력생일이 태어난 날의 그것이 같은 날은 몇 년 만에 찾아오는가?

19년에 한 번씩 찾아온다. 음력은 양력보다 1년이 약 11일 짧으므로 윤달을 3년에 한 번씩 넣게 되는데 7번째 윤달이 들어간 해 19년째에는 다시 처음과 같은 배치가 된다. 이것을 동양에서는 장주기라 하고 서양에서는 메톤주기라고 불렀다.

르네상스는 15세기 이탈리아에서 시작된 것인가?

그리스 로마 고전문학의 부활을 의미하는 르네상스는 이미 중세를 통틀어 지속적으로 이루어지고 있었다. 그것이 마무리된 것이 바로 15세기 이탈리아의 르네상스라고 할 수 있다. 8세기 칼로링거 르네상스, 10세기 오토 르네상스, 그리고 12세기의 대규모 르네상스가 바로 그것이다. 미국의 하스킨즈 교수는 자신의 저작인 「12세기 르네상스」에서 르네상스는 교화적 교육적 면에서 이미 12세기에 시작되어 15세기에는 이탈리아를 중심으로 문예와 미술적인 면에서 절정을 이루었다고 주장한다. 즉, 유럽에 있어 지적인 기초가 새로이 성립된 시기가 바로 이때라고 할 수 있다.

비키니

1946년 프랑스의 디자이너 자크 앵이 아랫부분은 허벅다리 위까지 높이 올라가고 배꼽 밑으로 깊이 내려가는 2개의 조그마한 삼각형 헝겊으로 이루어진 수영복을 만들었다. 그 윗부분은 좁다란 브래지어였다. 우연히도 1946년 미국은 비키니섬에서 원자폭탄을 실험하고 있었다. 세계종말이 올 것이라는 소문이 무성했고 파리에서는 「비키니 파티」라고도 불리던 「마지막」 파티가 유행했다. 앵이 디자인한 수영복 하나에 「비키니」라는 별명이 붙었고, 그는 이 품목을 〈비키니-세계에서 가장 작은 수영복보다 더 작은 수영복〉이라고 광고했다. 그 이름이 굳어져 이제 비키니는 수영복의 대명사가 되었다.

물은 모든 법칙을 배반한다.

과학자 라이얼 와트슨이 「물은 모든 것을 배반한다」라고 한 것처럼 이 지구에서 물은 가장 불가사의한 물질이다. 어느 물질이나 온도가 내려가면 부피가 작아지고 밀도는 높아지는데 물만은 예외다. 4도까지는 분명히 물도 부피가 작아지고 밀도는 높아진다. 그러나 그 이하가 되면 반대로 부피는 커지고 밀도가 낮아지는 것이다. 또 물질의 비등점이나 응고점은 분자량에 비례해 정해지는데 물만은 예외다. 이에 따르면 물의 비등점은 −90도, 응고점은 −100도가 되어야 하는데, 실제는 100도에서 끓고 0도에서 언다. 이외에도 여러 가지 묘한 성질이 있는데, 그 이유는 H_2O라는 분자구조가 대단히 결합력이 강함과 동시에 불안정하다는 매우 특수한 성질을 갖고 있기 때문이다.

시간을 알려주는 무덤, 피라밋

피라밋은 단순한 무덤만이 아니고 천문대와 거대한 달력 구실도 할 수 있도록 만들어졌다. 피라밋은 하루의 시각과 한 해의 정확한 날짜도 가리킬 수 있게끔 그 크기와 위도(緯度)와 정밀한 각도를 계산하여 건조되었다. 북면과 남면에 인접한 지면에는 폭이 넓고 수평을 이룬 일명 「그림자의 바닥」이 있다. 겨울에는 피라밋의 그림자가 북쪽 바닥에 생기고, 여름에는 매끈한 피라밋의 남면이 남쪽 바닥 위에 삼각형의 햇빛을 반사시킨다. 이들 바닥에 깔린 블록에는 매일 정오의 그림자 또는 반사광이 그 전날의 그것과 차이가 나는 만큼의 간격으로 눈금이 새겨져 있다. 날짜만이 아니라 춘분, 추분, 동지, 하지와 같은 절기의 구분도 정확하게 예측할 수 있었다. 춘분과 추분은 1년 중에 두 번 태양이 적도를 건너는 날이며, 동지와 하지는 1년 중에 두 번 태양이 적도에서 가장 멀어지는 날이다.

2장

잘못 알고 있는 세계 문화

원래 가슴성형은 작게 만들기 위한 것이었다

아름다움을 추구하는 일은 대부분의 여성들에게 있어 마치 본능과도 같은 것이다. 아름다운 몸매를 가꾸기 위해 수영이나 에어로빅 붐이 일기도 하고 심지어 단식, 지방제거, 효소요법 등 온갖 다이어트 비법이 등장하고 있다. 게다가 이젠 성형수술도 그다지 터부시되는 상황도 아닐뿐더러 남자들까지 이 대열에 합류하고 있다.

일부 여성들에게 있어 빈약한 가슴은 고민거리다. 특히 최근에는 수술로 가슴을 키우기 위해 성형외과를 찾는 여성들의 발길이 끊이지 않는다. 그러나 놀랍게도 초기의 가슴성형수술은 가슴을 크게 하는 것이 아니라 작게 만들기 위한 것이었다.

성형외과의 역사에서 가장 오래된 고객은 코와 입이다. 가슴성형 수술은 20세기에 들어와서야 비로소 가능했다. 가슴성형 수술을 시작한 것은 20세기 초 프랑스 외과의사 미셸과

푸상이다. 그 수술의 주요 목적은 이상할 정도로 비대한 가슴을 작게 만드는 수술이었다.

수년 후 또 다른 프랑스 외과의인 빈란드가 젊은 여성의 가슴을 보다 작게 만들고 유두를 작게 만든 가슴을 가운데 위치로 정확히 이동시키는데 성공했다. 그 이래 비대한 가슴의 지방과 유선조직을 제거하는 수술이 일대 번영을 이루었다. 제1차 세계대전 무렵에는 양쪽 크기가 다르거나 처진 가슴 등을 지방과 유선조직은 그대로 둔 채 비대한 부위를 제거하여 아름다운 가슴을 만드는 수술도 행해졌다.

결국 이 당시 가슴 성형수술은 풍만한 가슴을 만드는 것보다 아담하고 균형 잡힌 가슴을 만드는 것이 주목적이었다. 글래머가 그다지 동경의 대상은 아니었던 모양이다. 실제로 당시에는 글래머가 천박하고 머리가 나쁘다는 인식이 강했다. 이러한 인식이 바뀌게 된 시점은 미국의 여배우 마릴린 먼로의 등장이라고 할 수 있다.

시대가 바뀌면 아름다움의 기준도 바뀌기 마련이다. 지금은 작은 유방 때문에 고민하는 여성들이 많지만 또 언젠가 사람들이 작은 유방을 선호하게 될 날이 올지도 모른다. 절대적인 미의 기준, 어떤 가슴이 아름다운가 하는 것은 없다. 신체 기능상의 중대한 결함이 아니라면 자신이 갖고 있는 본래의 고유한 아름다움을 가꾸는 것이 더욱 소중한 일일 것이다.

최초의 퍼머는 아프리카인들의 작품

헤어스타일의 유행은 퍼머넌트의 발명에 의해 시작되었다고 한다. 그러나 초기에는 퍼머하는 데도 많은 어려움이 있었다.

현대식 퍼머를 처음으로 발명한 사람은 독일인 칼 네슬레라는 사람이다. 그러나 그도 스스로 그 방법을 창안했다기보다는 다른 사람의 아이디어를 모방하고 발전시켰을 뿐이다. 그 아이디어를 준 주인공은 바로 아프리카의 여성들이다.

네슬레가 아프리카를 여행할 때였다. 당시 아프리카의 여성들은 작은 나뭇가지에 머리카락을 말아 진흙을 묻히고 태양의 열로 건조시켜 아름답게 말려진 머리카락을 만들곤 했다. 여기에서 힌트를 얻은 네슬레는 1906년 10월 8일 옥스퍼드가에서 퍼머넌트 미용실을 개점했다.

그는 이 미용실에 런던의 유명한 헤어스타일리스트들을 초대해 최초의 퍼머를 공개 실연했고 성공리에 마쳤다. 그러나

그가 사용한 기계는 세간에 전혀 보급되지 않았다. 게다가 이 미용실을 방문해서 퍼머를 한 손님도 연간 평균 70명 정도에 불과했다. 그 이유는 무엇일까.

그것은 당시의 퍼머가 견디기 힘들 정도의 인내와 시간을 요구했기 때문이다. 확실히 퍼머는 아름다운 머리를 만들어 냈지만 그 과정이 너무나 복잡하고 고통을 주었다. 손님은 약 0.8kg이라는 무거운 놋쇠로 만든 루프(머리카락을 감는 기구)를 12개나 머리에 이고 약 6시간 동안 꾹 참아야 했다. 더욱이 요금은 눈알이 핑핑 돌 정도로 엄청나게 비쌌다. 이런 상황이었으니 보급이 잘 될 리 없었다.

기구도 발달했고 보통 2시간이면 끝나는 지금과 비교하면

한참 뒤떨어진 것이지만 아프리카의 여성들의 퍼머넌트에 비
교하면 그래도 행복한 편이었다.

산타클로스는 왜 빨간 옷을 입었을까

　산타클로스가 실제로 있었던 인물을 모델로 했다는 사실은 잘 알려져 있다. 271년 태어나 342년에 죽은 성 니콜라스(산타 클라우스)는 터키 지중해 안에 있던 뮐러의 주교가 바로 그 모델이다. 그는 매우 명성이 높은 인물이었는데 평소 빈곤과 질병으로 고난을 겪는 아이들을 도왔다고 한다. 특히 노예로 팔리게 된 한 소녀에게 남몰래 돈을 주어 구해준 일로 해서 그를 아이들의 수호성도라고 일컫는다.

　이로부터 오늘날 산타클로스의 상이 만들어졌다. 실제로 프랑스나 네덜란드에서는 12월 6일이 성 니콜라스의 기일이었기 때문에 이날 아이들에게 선물을 주는 풍습이 있다. 따라서 이곳에서는 이날부터 산타클로스가 활동을 개시한다고 믿고 있다.

　우리가 알고 있는 산타는 크리스마스이브가 되면 위에서 아래까지 빨간 옷을 입고 순록썰매를 타고 흰 수염을 날리면서

굴뚝으로 들어와 선물을 놓고 가는 할아버지이다.

그러면 언제부터 오늘날의 산타클로스 상이 만들어진 것인가. 빨간 옷과 흰 수염의 산타가 널리 정착된 것은 1930년대의 일로 코카콜라의 선전용 포스터에서부터 비롯되었다. 새빨간 옷을 입고 있는 산타가 콜라를 마시고 있는 그림이 등장하면서 일반인에게 퍼져나가기 시작했다. 코카콜라 회사는 왜 하필 빨간 옷을 택했을까. 그것은 바로 다름 아닌 코카콜라의 상징색이 빨강이었기 때문이다.

산타클로스가 순록썰매를 타게 된 것도 미국이 처음이다. 시카고 백화점이 크리스마스 세일 광고에 처음으로 순록썰매를 타고 있는 산타의 그림을 사용했고 이것이 그 후 전세계적으로 퍼져나가 정착되었다. 물론 이 전설은 북유럽 쪽에서 이미 전해 내려오던 것이었다. 산타클로스가 직접 크리스마스 선물을 아이들에게 준다고 하는 것도 실은 미국에서 생겨난 이야기라고 한다.

〈도레미파솔라시도〉 외에 다른 음계는
뭐라고 불렀을까

　〈도레미파솔라시도〉의 어원은 고대 그리스 음계로까지 거슬러 올라간다. 예를 들어 도는 그리스 음계인 〈ut〉가 그리스로부터 비잔틴을 거쳐 유럽에 전해지는 동안 변한 것이다. 그러면 도레미 이외의 음계는 도대체 무엇이라고 불렸던 것일까.

　음계란 사람들에게 노래의 단락을 기억시키고 기록하여 전달하기 위해 고안해낸 것이다.

　기원전 5세기 인도에서는 바라문교의 성전인 베다를 부르기 위해 단락을 기록한 음계가 벌써 존재했다고 한다. 여기에는 3가지 높이의 음이 있고 현재도 사용되고 있다. 그 이름은 높은 음 순서대로 〈Udatta〉〈Anudatta〉〈svarta〉로서 각각 〈높게〉〈울려 퍼지게〉〈높지 않게〉라는 의미이다. 다만 현재 사용되는 것은 높이가 서로 자리를 바꿔 〈중·저·고〉의 차례로 이루어져 있다. 그 밖에도 인도 음악의 음계는 이론적으로 400개 이상이나 되고 실제로도 100개 이상이 사용되고 있다고 하니 도레미와 궁상각치우 정도만 아는 평범한 사람들에게는 놀라운 일이 아닐 수 없다.

터키에서는 도와 레와 같은 온음을 9개로 나눈다고 하는데 이는 온음을 반음으로밖에 나눌 수 없는 서양음계에서 본다면 경이적인 일이라고 하겠다. 이외에도 인도네시아의 발리섬으로 대표되는 가멜란 음악의 펠록 음계와 일본의 샤미센처럼 특수한 음의 명칭을 가진 것도 많이 있다.

결국 음계의 종류는 적어도 음악을 향유하는 민족의 수만큼은 있다고 할 수 있다. 모든 음계는 서양음계로 번역이 가능하지만 그것은 어디까지나 가까운 음에 맞추는 것에 불과할 뿐 완벽하게 재현하는 것은 불가능한 일이다.

그 이유는 유럽에서 현재 사용되고 있는 음계가 12평균율이라고 하는 다분히 인공적인 음계이기 때문이다. 12평균율은 음의 주파수에 따라 1옥타브를 12개의 음으로 나누고 있다. 그렇지만 이것은 음의 하모니라고 하는 점에서 본다면 탁하고 불투명한 음만을 표현할 뿐이다.

하모니가 아름다운 음계는 순정률(純正律)과 관련이 있는데, 평균율과는 다소 차이가 있다. 결국 평균율은 음악의 아름다움이라고 하는 점에서만 본다면 상당히 불만족스러운 체계라고 할 수 있다.

물론 이러한 평균율이 발명된 데에는 나름대로의 이유가 있다. 유럽에서도 그레고리오 성가 등 고대 시대의 단선율 곡에서는 음순정률은 조바꿈이 멋들어지게 이루어지지 않는다. 그래서 바로크 음악시대에 들어와 바하 등을 중심으로 자유자재로 조바꿈이 가능한 음계로써 평균율이 발명되기에 이르렀다.

이에 반해 하모니의 아름답고 투명한 울림을 중시한 것은 아프리카의 수렵채집 민족과 신대륙의 인디언들이다. 그 중에서도 피그미는 현재 세계에서 가장 음에 민감한 민족이라고 한다. 이러한 피그미족에게 평균율의 하모니는 참기 힘들 정도로 탁하고 불투명한 것임에 틀림없다.

아시아 음악에 있어 음계는 하나의 기준 이상은 아니다. 음과 음 사이에는 무한하다고 할 정도로 높이의 구별이 있고 그 복잡함을 음미하는 음악이 바로 아시아 음악이다.

여기에 비하면 유럽의 음악은 조바꿈이 가능하고 음이 많이 쌓이고 겹쳐지도록 기호를 쓸 수 있고, 복잡한 오퍼레이션을 가능케 하는 음악이다. 물론 그것은 음의 희생 위에 만들어진 것으로 머리의 음악이라고도 할 수 있다.

이것은 근대과학과도 일맥상통한 접근방법으로서, 유럽인들이 가진 근본적인 특징인 합리적 사고를 보여 주는 현상이다. 유럽의 음악은 유럽의 세력이 역사적으로 강대했기 때문에 세계에 널리 퍼져나갔지만 반드시 깊이 있는 음악이라고만은 할 수 없을 듯하다.

양자강은 실은 다리의 이름이다

　양자강은 황하와 더불어 중국의 2대 강이자 중국 최대의 강이기도 하다. 양자강의 상류는 금사강(金莎江)이고, 그 원류는 통천하(通天河)이다. 길이가 약 5,800km에 달하는 이 강은 예로부터 남선북마라 하여 중국의 수운에 널리 활용되었다. 여름에는 하구에서 1,100km 상류인 무한까지 1만 톤 급의 배로 올라갈 수 있다. 소형 어선이면 티벳과의 경계선인 사천성까지 갈 수 있다고 한다.

　그런데 이 양자강이라는 이름은 중국인들은 거의 사용하지 않는다. 모두 〈장강(長江)〉이라고 부른다. 양자강은 외국인들만이 사용하는 명칭에 불과하다.

　이러한 일이 일어나게 된 이유는 무엇일까.

　원래 강소성 양주(楊洲) 근처 수로에 만들어진 다리를 〈양자교(揚子橋)〉라고 부른다. 19세기 말 한 서구인이 이 강에 배를 타고 들어와서 〈이곳은 무엇이라고 하지요?〉라고 중국인 선장에게 물었다. 이 선장은 별 생각없이 다리의 이름을 묻는 줄로 알고 〈양자〉라고 대답했다. 이 말을 들은 서구인은 강의 이름을 양자강이라고 이해한 것이다.

그 이후 양자강이라는 이름이 이 강의 정식명칭으로 세계 속에 널리 알려졌다. 이 이름이 너무 널리 알려졌기 때문에 오늘날 중국 양주 부근에서는 하류를 양자강이라고 부른다고 한다. 황하가 우전천(隅田川), 대천(大川) 등의 이름으로 변한 것과 거의 동일하다.

이것과 비슷한 사례가 또 하나 있다. 태국의 방콕을 흐르는 강을 외국인들은 보통 메낭강이라고 부르고 있지만 원래 메낭이란 태국어로 그냥 강이란 의미다. 외국인이 현지인에게 질문했을 때 〈이것은 메낭(강)이다〉라고 답한 것을 그 강의 이름으로 오해해 그 후 메낭강이라고 불리게 되었다고 한다.

웨딩드레스는 흰색만 있을까

〈결혼식에서 순백의 웨딩드레스를 몸에 두르고 최고로 예뻐 보이고 싶다〉라는 것은 여성들의 공통된 바람이다.

그러나 결혼식에서 백색의 웨딩드레스와 면사포가 등장한 것은 그리 오래전의 일이 아니다. 16세기 영국과 프랑스에서 생겨났으므로 약 500년의 전통을 가지고 있는 셈이다. 머리에는 흰색 꽃(원래는 오렌지색)을 장식하고 면사포를 쓴다. 액세서리도 흰색으로 통일한다. 살을 드러내지 않는 원피스에 트레일과 면사포가 딸린 것이 정식 웨딩드레스다. 면사포는 신부의 얼굴을 다른 사람들에게 보이지 않도록 숨긴다는 의미, 또 하나는 신랑에게 복종을 맹세하기 위한 상징물로 쓰기 시작했다.

흰색 복장에는 우리가 흔히 상상하고 있는 바와 같이 순결이란 의미가 숨겨져 있다. 당시만 해도 결혼하기까지는 처녀로 있어야 한다는 사고방식이 강했다. 또 신부가 천진무구하다는 것을 증명하는 것이었고 후에는 남자가 좋아하는 색깔로 색을 바꾸어 달라는 의미를 가졌다. 결국 남성본위주의 시대의 유물이라고 할 수 있다.

그러면 재혼하는 아내는 어떤 드레스를 입었을까? 당연히 처녀가 아니므로 순결을 상징하는 순백색은 아니었을 것이다. 이런 경우는 대체로 목사가 회색이나 옅은 블루 계열의 드레스를 권했다고 한다. 결혼을 경험해 조금이라도 오염되었다는 사실을 드러내기 위함이다. 결혼 경력이 있다 할지라도 신부임에는 틀림없으므로 똑같은 복장을 해도 좋을 텐데 관습은 그걸 허용하지 않는 모양이다.

동양에서는 흰색이 장례식날 입는 상복 색깔이어서 경사스런 결혼식 날에는 거의 사용하지 않는다. 다만 일본에서만은 신부도 흰 옷을 입었는데 이것은 결혼과 함께 신부가 〈친정부모에게는 죽는 사람〉과 다름없다는 것을 의미한다.

고대 로마와 그리스에서 흰색은 결혼식과 장례식에 모두 사용되었다. 이때 흰색은 생명과 사랑, 죽음과 매장이라는 두 가지 의미를 갖는다. 결혼식에서 흰색은 옛날의 생명은 죽고 새로운 생명으로 탄생하는 것을 상징하며, 장례식에서는 저승에서의 새로운 삶을 의미한다.

고대 로마의 공중목욕탕은 얼마나 컸을까

그리스인들은 자연과 사회를 합리적으로 탐구하는 정신이 풍부했기 때문에 목욕을 자주 하면 건강에 좋다고 생각했다. 그래서 그리스에는 온수욕과 냉수욕 모두가 유행했다. 당시의 목욕은 증기탕에서 땀구멍을 열어 노폐물을 깨끗이 씻어내고 찬물에 몸을 담그는 것으로 끝맺었다고 한다.

피타고라스도 냉수욕은 통풍(痛風, 속칭 제왕병이라고도 함)이나 암, 황달, 우울증 등에 효과가 있다고 주장했다. 그리스 최초의 공영 공중목욕탕은 기원전 4세기경에 출현했다. 물론 공중목욕탕은 청결함을 좋아했던 이집트인들과 인도인들에 의해 이미 훨씬 전에 만들어지기도 했다.

로마인들은 원래 강이나 바다에서 목욕을 하는 습관이 있었고 온수욕이나 냉수욕은 그리스인들에게 배울 때까지 알지 못했다. 이윽고 이 그리스식 목욕에 매료된 로마인은 이를 나라 전역으로 금방 확산시켰다. 위정자들도 이에 주목해 국민들의 지지 확보를 목적으로 대규모 공중목욕탕을 건설하기 시작했다.

로마의 발단된 상수체계로부터 나오는 수돗물 대부분은 이들 공중목욕탕과 귀족 저택 내의 욕탕에서 사용되었다. 놀랍게도 이 당시 로마 시민은 하루 한 사람이 평균 1,300리터의 물을 사용했는데 이는 현재 런던 시민이 하루 사용하는 물이 230리터라는 것을 생각한다면 엄청난 양이라고 할 수 있다.

로마의 황제들은 앞다투어 거대하고 우아한 공중목욕탕 건설에 심혈을 기울였다. 네로, 베시파시아누스, 티투스, 디오클레티아누스 등 각 황제의 목욕탕은 그 규모의 장대함으로 유명하다. 카라 칼라 황제의 목욕탕은 둘레가 1.6km, 면적이 26,500m²로 한번에 1,600명이 목욕을 할 수 있었다고 한다. 이 정도라면 현대의 어떤 헬스센터도 미칠 수 없는 규모가 아닐까.

이 공중목욕탕은 처음에는 남녀가 따로 목욕을 했지만, 그 뒤 여러 세기 후에는 은으로 만든 사자의 입에서 흘러내리는 대리석 욕탕에서 남녀가 함께 목욕을 했다. 이 대형 목욕탕은 이집트로부터 가져온 화강암과 북아프리카 누미비아 지방에서 출토되는 고가의 녹색 대리석으로 만들어졌다.

입장에는 어떤 제한도 없고 목욕료도 아무리 가난한 사람이라도 지불할 수 있을 만큼 싼 가격이었다. 로마에서 유통되는 가장 최소치의 동전이면 입장이 가능했고 어린이는 무료였다. 황제에 따라서는 먼저 질병이 있는 사람들을 오후 한 시 쯤 입장시키고 일반인에게는 두 시부터 입장시키는 경우도 있었다. 사회복지 정책이라는 측면에서 보면 지금 우리나라 도 배울 점이 있는 듯하다.

이발소는 원래 수술도 하는 곳이었다

거리를 걷고 있노라면 의미를 잘 알 수 없는 것이 눈에 띄는 경우가 있다. 하지만 그러한 것들도 자세히 조사해보면 나름대로의 의미가 숨어 있기 마련이다. 그 중의 하나가 이발소 앞에서 빙글빙글 돌아가고 있는 원통이다.

그 빨강, 하양, 파랑으로 된 원통에는 어떤 의미가 있을까. 최근에는 훨씬 가는 원통도 많이 등장하지만 기본적인 모습에서는 커다란 차이가 없다.

중세 유럽에서 이발소는 병원(외과의)을 겸하고 있었다. 실제로 이발사가 외과의를 겸한 것은 기원전 1600년 전까지 거슬러 올라간다. 수술도구로 가장 먼저 나온 나이프는 머리를 자르거나 면도를 할 때 쓸 뿐 아니라 작은 수술을 하는 데도 이용되었다.

중세 유럽 이발소에서는 부러진 뼈나 탈골 등의 치료에서부터 필요한 경우 수술까지 했다. 이때 긴급한 환자를 위해 눈

에 잘 띄도록 세 가지 색을 가진 간판을 내걸었던 것이 현재 이발소에 걸린 삼색원통의 시초라 할 수 있다.

그 의미는 빨강은 동맥, 파랑은 정맥, 하양은 붕대였다고 한다.

그리고 1540년 파리에 살던 이발사이자 외과의였던 메야나킬이란 사람이 지금 사용하는 것과 비슷한 삼색원통을 고안했다. 이것이 세계에 널리 퍼져 현재까지 계속되고 있는 것이다. 이발사와 외과의가 서로 다른 전문직으로 갈린 것은 18세기 중엽 영국에서였다.

발렌타인데이는 왜 2월 14일인가

　발렌타인데이가 기념하고 있는 성 발렌타인이 무슨 죄를 범했는지는 분명치 않지만 그는 270년경 로마의 황제 클라우디스 2세에 의해 순교했다. 발렌타인 주교는 사랑과 자선을 베풀기로 유명했다. 그래서 사람들은 사랑의 메시지를 보내는 날로서 그의 기일인 2월 14일을 택했다. 카톨릭교회에서도 공식적인 미사달력에는 제외되어 있지만 적어도 그의 존재가 부인되지는 않고 있다.

　발렌타인데이의 사랑의 메시지는 시대의 변화에 따라 여러 형태로 발전해왔다. 그 중에 가장 오래된 것이 사랑의 추첨이다. 로마의 처녀들이 자기의 이름을 적은 종이쪽지를 공공장소에 설치된 용기에 넣어두는 풍습이다.

　그러면 총각들은 용기에서 이름 하나를 꺼내 그 처녀를 다음 해에 여자친구로 삼았다. 이 사랑의 추첨은 교회의 반대 속에서도 계속되었다. 이 풍습은 발렌타인데이가 생기기 이

전에도 존재했다고 한다.

발렌타인데이의 풍습 가운데 빼놓을 수 없는 것이 또 하나 있다. 중세 유럽의 의상에는 붙였다 뗐다 하는 소매가 있었다. 그냥 생각하기에는 음식물을 엎지르거나 땀을 흘렸을 때 소매를 떼어 그 소매만 손질하는 이점을 염두에 둔 듯하다. 그렇지만 당시는 호화로운 면직류와 자수를 한 의상이 많았기 때문에 그러한 옷소매를 단순히 손수건 대신으로 사용한다고 보기에는 무리인 듯하다. 그러면 무엇 때문에 뗐다 붙였다 하는 이 소매가 유행했을까?

당시에는 기사들이 전쟁터에 나갈 때 여자들이 자신의 옷소매를 떼어내 선물하여 행운을 기원하는 풍습이 있었다. 이 관습이 보다 확대되면서 발렌타인데이인 2월 14일에는 많은 남자들이 은근히 사모하는 여인으로부터 받은 소매를 몸에 붙이고 다녔다. 이런 행동은 〈나를 좋아하는 여인이 있다〉라는 사실을 공공연하게 자랑하는 것이라고 할 수 있다.

또한 19세기에 와서 발렌타인데이가 되면 카드에 독창적인 연애편지를 써서 보내는 것이 유행이었다. 이 발렌타인데이 카드에 어떤 글을 쓸 것인가에 관한 「연애문장 독본」 같은 책들이 출판될 정도였다고 하니 상당한 붐이 일었던 모양이다.

어쨌든 발렌타인데이에 남자 친구에게 초콜릿을 선물하는 풍습은 얼마 되지 않은 문화다. 초콜릿 회사들이 상업적 목적에서 만들어낸 풍습이라고도 한다. 다만 중세나 현재나 적극

적으로 자신의 감정을 내보일 수 없었던 여성들이 자신의 의
사를 자유롭게 표현하는 날임은 틀림없는 사실인 듯하다.

고대 올림픽 선수들은 왜 벌거벗고 뛰었을까

고대 그리스의 유물들을 보면 벌거벗은 채로 경기를 하고 있는 모습이 많이 등장한다. 워낙 서양미술에 벌거벗은 사람들이 많이 등장하기 때문에, 실제로는 그렇지 않았는데 그림만 그렇게 그린 것은 아닐까라는 생각이 들기도 한다. 인체에 대한 관심이 높았던 르네상스 시대의 그림들이 벌거벗은 사람의 모습을 많이 담고 있는 것처럼 고대 그리스에서도 사람의 역동적인 모습을 포착하기 위해 일부러 벌거벗은 모습을 상상해 그림을 그린 것일까. 그렇지는 않다.

실제로 고대 그리스에서는 벌거벗은 채로 시합을 했다고 한다. 그런데 처음부터 벌거벗었던 것은 아니다. 올림픽이 처음 시작되던 시대에는 선수들 모두 허리띠 비슷한 것을 차고 있었다. 그 후 스파르타인들이 벌거벗고 경기하는 관습을 퍼뜨렸다고 한다.

왜 전라가 되어 경기를 했는가에 대해서는 몇 가지 이야기

가 전해 내려온다. 그 중에 가장 유명한 것이 올시포스라고
하는 선수가 달리기 시합 도중 허리띠가 풀어져 버렸는데 계
속 끝까지 멈추지 않고 달려서 우승했기 때문에 다른 선수들
도 이를 모방했다는 이야기다. 이와 달리 벌거벗고 달리는 편
이 유리하기 때문에 도중에 스스로 벗어버렸다는 말도 있다.

처음에는 벌거벗은 사람들이 선수들뿐이었는데 점차 시중
을 드는 코치까지도 모두 벗지 않으면 안 되었다고 한다. 여
기에는 재미있는 에피소드가 있다.

당시 유부녀에게는 올림픽 관람이 금지되었지만 무슨 이유
인지 미혼 여성은 자유롭게 경기를 관람할 수 있었다. 그런데
어느날 아들이 활약하는 모습을 보기 위해 한 어머니가 코치
로 변장해 구경하고 있었다. 그런데 아들이 일등을 하자 흥분
한 어머니가 경계선을 넘어 달려가려고 할 때 옷이 걸리면서

중요한 부분이 드러나 여자라는 사실이 밝혀졌다. 그 이후에는 동행하는 코치까지 벌거벗은 채로 경기장에 들어가야만 했다.

왜 올림픽은 4년마다 열릴까

4년에 한 번 세계인이 모두 애국자가 되는 시기가 있다. 다름 아닌 올림픽 개최기간이다. 그런데 왜 올림픽은 4년에 한 번밖에 열리지 않는 것일까. 올림픽이 4년마다 열린다는 것은 너무나 자명한 사실이기 때문에 오히려 이런 의문을 제기하는 사람은 그리 많지 않다.

올림픽이 4년에 한 번으로 결정된 것은 1894년 파리에서 개최된 올림픽 부흥회의에서의 일이지만 그때 근거가 된 것은 고대 올림픽이 4년에 한 번 열렸다는 사실이었다. 그러면 왜 고대 올림픽은 4년마다 열렸던 것일까? 실제로 올림픽이 4년에 한 번 열리게 된 데에는 복잡한 이유가 숨어 있다.

고대 그리스에서 올림픽은 제우스를 모시는 제전경기였다. 달리기, 레슬링을 행한 후 제우스에게 바치는 제전의식에 참가하는 것이 일반적인 관습이었다. 이러한 제전경기는 각지에서 행해졌고, 그 가운데 성지인 올림피아에서 행해지는 올림피아제, 네메아의 네메아제, 델포이의 피에티아제, 코린트의 이스토미아제를 4대제전이라고 불렀다. 그 중에서도 국민적 행사로 치러지는 올림피아제가 고대 올림픽의 기원이 된 것이다.

처음 올림픽은 8년마다 개최되었다. 그리스에서는 8년 주기가 일상생활에서 가장 많이 쓰여졌기 때문이다. 예를 들어 스파르타왕의 임기도 8년이었고, 토지의 분배도 8년을 하나의 기간으로 하는 경우가 많았다.

8년 주기가 4년 주기가 된 것은 일시 중단되었던 제전경기가 기원전 776년에 다시 시작된 이후의 일이다. 이를 재개한 것은 에리스왕인 이피테스다. 당시는 거듭되는 전쟁 속에 페스트가 창궐해 민중의 생활은 비참하기 이를 데 없었다. 이에 이피테스가 신탁을 구한 결과 전쟁을 중지하고 제전을 행하라는 계시를 받았다. 이것이 제전경기의 재개를 의미한다고 이해한 이피테스는 곧바로 스파르타와 휴전조약을 맺고 4년째에 올림피아 경기를 재개했다. 그리고 휴전조약으로부터 다시 열린 올림피아 경기까지의 4년간을 올림피아드라고 불렀다. 이후 올림피아드를 기준으로 한 4년 주기로 올림픽이 개최되었다.

그런데 왜 8년에서 4년으로 바뀌었을까. 그 이유는 다음 두 가지이다. 올림피아 경기를 재개하면서 이피테스가 과거에 실시되던 방식을 잊어버렸기 때문에 새롭게 시작하지 않으면 안 되었다는 것이 그 하나의 이유다.

또 하나의 이유는 달력에 있다.

올림피아 제전경기는 종교의식이라는 색채가 강하다. 이때는 천체의 운행을 기초로 해서 만들어진 달력을 통한 기간설정이 사회 각 부분에서 유행되었다. 계산의 기초가 된 것은 당시 함께 쓰이고 있던 태양력과 태음력이다.

먼저 태양력과 태음력이 서로 일치하는 지점을 찾아보자. 태양력의 1년은 365일과 1/4일이고 태음력의 1년은 354일이다. 태음력 쪽이 1년에 11과 1/4일이 적다. 또 태음력에서는 1개월이 약 30일이다. 태음력은 태양력보다 날짜가 적기 때문에 이것이 정확하게 태음력의 단락(개월)으로 떨어지는 때를 계산하면 11과 1/4일×8년으로 90일이 필요하다. 즉 8년 주기로 태양력과 태음력의 차가 정확하게 3개월이 된다. 다시 말해 8년 주기로 태양력과 태음력 상으로 달의 차고 모자람이 일치하게 된다.

고대 그리스에서 8년 주기가 하나의 단위로서 일반화된 것도 이 계산을 기초로 했기 때문이다. 당초 제전경기가 8년마다 열린 것도 이러한 이유에서이다. 하지만 이피테스는 8년 주기를 따르지 않고 더 복잡한 계산을 거듭했다. 태양력의 8년은 12개월×8년=96개월이다. 여기에 3개월을 더하면 태음력의 8년이 되기 때문에 태음력으로서는 8년이 99개월이다. 그러면 여기에서 태양력으로는 48개월, 태음력이라면 49개월이나 50개월째가 거의 떨어지는 단락(개월)으로 나타난다. 이런 이유로 4년째가 계산된 것이다.

요컨대 신을 모시는 제전이므로 태양과 달의 운행에서 종교적인 의미를 찾으려 했던 당시 사람들은 달력을 중시했고, 그 결과 현재의 4년 주기로 결정되었던 것이다.

왜 한겨울을 1년의 시작으로 선택했을까

　왜 세계의 모든 사람들이 한겨울을 1년의 시작으로, 즉 1월 1일로 정했을까. 왜 봄이 시작하는 시기라든가 좀더 따뜻한 계절을 1년의 시작으로 하지 않았을까. 그것은 고대인들이 밤이 가장 긴 날인 동지를 새로운 해가 시작되는 기점으로 삼았기 때문이다. 물론 여기에는 예외도 있다.

　6세기경 로마에 살던 스키타이의 승려 디오니시우시 엑시구스는 율리우스력에 숫자놀음을 가해 첫날을 1월 1일에서 3월 25일로 바꾸기도 했다. 이것을 다시 원상회복시킨 것은 그 후로 10세기가 지난 뒤의 그레고리우스 교황이었다.

　어쨌든 세계 여러 민족의 신화에서 알 수 있는 것처럼 인류에게는 죽은 후에 다시 태어난다고 하는 세계관이 널리 퍼져 있다. 예를 들어 태양이 가라앉았다가(죽었다가) 다음날 아침 다시 생생하게 살아나고, 식물은 말라 죽었다가도 씨앗을 통해 새롭게 태어난다. 고대 이집트인이 사람의 시체를 미라로 만든 것도 언젠가 혼이 돌아왔을 때 혼이 있을 곳(육체)이 없으면 안 될 것이라고 생각했기 때문이다.

이와 마찬가지로 해의 생명력도 점차 길어져 성장했다가(하지) 이어서 점차로 쇠퇴해 짧아져 가고 마침내는 죽는다(동지). 그리고 그 다음날부터 다시 해의 생명(낮의 길이)이 재생과 성장이 시작되기 때문에 이날이야말로 일 년의 탄생일이라고 생각했던 것이다.

또한 세계에서 가장 오래된 문명인 메소포타미아 문명, 이집트 문명, 중국의 황하 문명, 그리스·로마 문명이 모두 북반구의 북위 30~40도 사이에 집중해 있는 것도 서로의 달력이 일치하게 된 중요한 요소라고 할 수 있다.

이들 문명에서는 거의 동일한 시기에 동지를 맞았던 것이다. 다만 중국만은 시대가 흘러감에 따라 동지에서 45일 뒤에 오는 입춘을 한 해의 시작으로 정하게 되었다.

서양에서는 1월을 어디에서나 영어의 제뉴어리(January)에 가까운 말로 부르고 있다. 이 제뉴어리라고 하는 것은 고대 로마의 신인 야누스(Janus) 축제의 달이라는 의미를 갖고 있다. 야누스란 신은 두 개의 얼굴을 가진 신으로서 원래는 올림포스 신전 출입구를 지키는 수호신이다. 그것이 언제부터인가 사물의 처음과 끝을 담당하는 신으로 바뀌었고 마지막에 가서는 한 해의 끝과 시작을 담당하는 신으로 모셔졌다고 한다.

왜 2월이 윤달이 되었을까

보면 볼수록 신기한 것 가운데 하나가 달력이다. 1년은 12
개월, 1개월이 30일 전후로 된 계기가 달과 태양의 움직임에
서 나왔다는 것은 쉽게 이해가 가지만 1주일이 7일이라는 데
는 별다른 근거가 없는 것처럼 보인다. 게다가 하필이면 1년
의 시작도 끝도 아닌 2월이 윤달이 되었는가도 별다른 답을
찾을 수 없다.

전해 내려오는 가장 오래된 고대 로마의 달력에는 1년에 10
개월밖에 없었다. 그리고 고대 로마인들이 1년의 시작으로 삼
았던 달은 1월이 아니라 실은 3월이었다. 당시는 농경과 전쟁
이 생활의 기초였다. 봄이 되면 씨앗을 뿌린다. 또한 봄은 전
쟁이 개시되는 계절로 3월은 고대 로마인이 전쟁준비를 시작
하는 시즌이다. 그래서 이때가 되면 전쟁의 신 마르스(Mars)
를 모셨다. 이것이 3월(March)의 유래다. 고대 로마인이 농
작물의 성장에 맞춰 달력을 만들었다는 사실은 4월과 5월의

명칭에서도 드러난다.

예를 들어 4월(April)은 라틴어로 〈열린다, 피다〉란 뜻이다. 꽃봉오리가 피기 시작하는 계절이다. 5월이 되면 식물은 성장기에 들어선다. 이 농작물의 왕성한 성장을 기원하는 것이 5월(May)이다. 이 이름은 증식의 여신 마이아(Maia)로부터 유래했다는 설이 유력하다.

또한 3월이 한 해의 시작이었다는 것은 9, 10, 11, 12월을 나타내는 명칭에서도 알 수 있다. 〈September, October, November, December〉는 라틴어로 각각 일곱 번째, 여덟 번째, 아홉 번째, 열 번째를 나타내는 말에서 나온 것이다. 결국 3월부터 헤아려 각각의 순번에 해당하는 달인 셈이다.

앞에서 지적한 것처럼 당시 로마의 달력은 3월부터 12월까지 밖에 없고 겨울 두 달은 빠져 있다. 농작물의 성장에 맞춰 달력을 만들었기 때문이다.

그때까지 없었던 두 달을 달력에 새로이 첨가해 넣은 사람은 로마의 누마 폼필리어스로 기원전 713년경이다. 이때 새롭게 덧붙여진 〈January〉를 한해의 시작으로 고친 것이다.

이러한 고대 로마달력을 토대로 기원전 46년에 만들어진 것이 현재 달력의 시초라고 불리는 율리우스력이다. 율리우스력은 율리우스 케사르(줄리어스 시저)에 의해 채용되었기 때문에 그의 이름을 딴 것이다. 윤달이 만들어진 것도 이 율리우스력에서였다. 시저가 달력을 고칠 때 무슨 이유에서인지 윤달만은 과거의 3월을 시작으로 하는 사고방식을 받아들여 최후의 달로서 2월에 배치한 것이다. 그 후 현재의 달력인 고레고리력으로 개량되었을 때도 이것은 그대로 이어졌다. 이것이 2월이 윤달이 된 내력이다.

로마의 길과 중국의 만리장성 어느 것이 더 힘든 공사였을까

〈모든 길은 로마로 통한다〉는 말은 고대 로마의 융성함을 나타내는 말이다. 이탈리아의 작은 도시국가였던 로마는 정복전쟁을 거듭해, 드디어 지중해를 내해로 하는 대제국을 건설했다. 정복전쟁을 전개한 로마군은 언제나 도로를 건설하는 공병대를 동반했다. 공병대에게는 점령지와 로마를 연결하는 도로를 건설할 임무가 있었다. 로마가 건설에 특히 힘을 쏟은 이유는 일본이 우리나라에 철도와 도로를 건설한 것처럼 광대한 점령지를 지배하기 위한 군사적 목적 때문이다. 아울러 파견된 병사들에게 수시로 임무를 하달하기 위한 것이기도 했다. 당시 로마 정부는 무기를 가졌지만 특별한 임무가 없는 지방 병사들이 모반을 일으키지 않을까 몹시 신경을 쓰고 있었다.

로마 공병대는 그 도로를 놀라울 정도로 견고하게 건설했다. 여기에는 모르타르 공법도 활용됐는데 후기에는 개량을 거듭해 콘크리트 공법까지 동원했다. 두께가 2m에 달하는 이 포장도로는 대형 덤프트럭이 지나가는 현대의 도로도 미치지 못하는 견고함을 자랑한다.

로마인은 이 대사업을 기원전 312년 아피아 도로 건설에 착수한 이래 600년이란 시간을 들여 행했다. 로마 제국의 정복 사업 그 자체가 도로의 건설사업이었다고도 할 수 있다.

이리하여 로마를 중심으로 사방팔방에 뻗어나가는 도로는 문자 그대로 로마제국의 지중해 세계 통치와 그 번영을 지탱하는 동맥이 되었다. 이 도로가 단순히 군사용만으로 사용된 것은 아니다. 지배지에서 걷은 세금이 운반되는 통로이기도 했고 상인들이 상품을 실어 나르기 위한 무역로이기도 했다.

또한 이들 도로는 로마의 제도, 풍습, 종교, 언어, 학문, 예술 등의 로마 문화를 지중해 세계의 곳곳에 전하는 동맥 역할을 수행했다. 그래서 로마제국의 전성기에는 런던과 로마 사이를 여행하는 데 불과 13일밖에 걸리지 않았다.

로마의 도로 전장은 지구를 10번 돌 수 있을 만큼 엄청난 길이다. 주요 간선도로만 84,800km이고, 제2급 도로는 16만 km로 중국의 만리장성도 감히 미치지 못하는 수준이다.

게다가 로마인은 도로는 직선으로 만들지 않으면 안 된다고 하는 굳은 신념을 가지고 있었다. 그들에게 우회도로란 없었다. 산이 있으면 터널을 파고, 강이 있으면 다리를 놓았다. 현존하는 포르투갈의 다호강에 설치한 다리는 6개의 대형 아치로 수면에서 60m의 높이에 도로가 있다. 산악 등 지형지물의 형세를 이용해 건설한 전형적인 구조물이 만리장성이라면 이러한 조건과 관계없이 자신들의 의지대로 건설한 것이 로마의 도로였다.

20여 년 전의 일이긴 하지만 성수대교가 무너지고 도로의 보수공사가 그칠 날 없는 우리의 현실에서 본다면 놀랍기 그지없는 일이다.

고대 이집트인들은 어떻게 얼음을 구했을까

과학이 발달한 현대 같으면 열대지방인 이집트에서도 냉장고만 있으면 간단히 얼음을 얻을 수 있다. 하지만 냉장고가 없던 고대 이집트에서도 얼음을 사용했다. 그들은 과연 어떻게 얼음을 구할 수 있었을까.

기원전 500년경 이집트인들은 추운 날 밤(하지만 아직 영상의 기온인 날) 물을 문 밖에 내놓고 흙으로 빚은 용기를 계속 적셔 주었다. 그러면 물의 기화작용으로 용기가 더 냉각되어 얼음을 얻을 수 있었다.

이처럼 인류는 얼음을 얻기 위해 숱한 노력을 했다. 중국인들은 기원전 1000년경에 이미 눈과 얼음을 지하실에 저장해 항상 얼음을 쓸 수 있었다. 1700년대에는 자연빙이나 눈에 화학약품을 혼합해서 그것으로 상품을 냉동시키기도 했다. 이 방법으로 섭씨 영하 32도까지 온도를 낮출 수 있었다고 한다. 1800년대에 이르면 각지에서 자연빙 냉동이 주요한 사업으로

등장한다. 강이나 연못, 호수에서 톱으로 절단해 채취한 얼음을 거대한 얼음창고에 저장한 다음, 소나무 톱밥에 넣어 운반하였다.

기계를 이용해 얼음을 만드는 냉동장치가 처음으로 개발된 것은 1834년 영국에 살던 미국인 제이컵 퍼킨스 작품이다. 하지만 그때까지만 해도 자연빙을 선호하는 많은 사람들 때문에 그 보급 속도는 그다지 빠르지 않았다. 하지만 가정용 냉장고는 제1차 세계대전 이전에 선보이기 시작했으며 곧 가정의 주방을 급속한 속도로 점령해갔다.

한밤중에 시작되는 하루, 누가 이렇게 결정했을까

　세계의 하루가 시작되는 시간은 어디서나 오전 0시다. 그런데 왜 하루는 한밤중부터 시작되는 것일까. 사람의 활동이라는 측면에서 본다면 이른 아침을 하루의 시작으로 하는 것이 보다 자연스러운 게 아닐까.

　실제로 태음력을 사용했던 고대 이집트와 고대 바빌로니아에서는 하루의 시작 시간을 일출시간으로 했다고 한다. 역시 태음력을 사용하고 있던 터키와 아라비아에서는 하루의 시작이 일몰, 즉 월출이었다. 한밤중을 하루의 시작으로 결정한 것은 고대 로마인이다. 현대 세계는 이 로마인들의 관습을 따르고 있는 것이다. 물론 동양에서는 이와 관계없이 지금의 23시에서 1시까지를 가리키는 초경(1경)을 하루의 시작으로 오래전부터 사용해왔다.

　한편 아프리카의 에티오피아에서는 하루의 시작이 저녁 6시이다. 지금도 공식적으로는 세계 공용의 시간이 쓰여지고 있지만 국민들 사이에서는 이 시간 감각이 뿌리 깊이 남아 있다고 한다.

게다가 에티오피아 달력은 다른 나라와 달리 1년이 13개월이다. 그 이유는 에티오피아의 1개월은 30일로 고정되어 있기 때문이다. 결국 나머지 5일간이 마지막 13월이 된다.

국빈이 올 때 쏘는 예포는
왜 21발을 쏘게 되었을까

　국제적인 외교의례상 외국 원수 등 국빈들이 방문할 때는 환영의지를 표하기 위해 예포를 쏜다. 이 예포의 수는 세계 공통으로 21발로 정해져 있다고 한다.

　왜 환영의지를 표하는데 포격이라고 하는 요란한 방법을 사용하게 되었을까. 이처럼 소리를 내는 이유는 악마를 추방한다고 하는 의미가 있기 때문이다. 그런데 왜 하필이면 21발로 정해져 있는 것일까.

　이유는 간단하다. 21이라는 숫자가 행운의 숫자였기 때문이다. 서양에서 3은 행운을 나타내는 숫자였고 7 역시 럭키세븐이라는 말처럼 신성한 숫자라고 생각되어 왔다. 따라서 예포를 쏠 때 이 3과 7를 곱한 21발을 쏘게 되었다.

왜 X가 미지수로 됐을까

    방정식에서 X라고 하면 미지수를 의미한다. 90년대에는 X 세대라는 말이 유행했는데 이것도 X의 잘 모르겠다는 의미를 차용해서 만들어낸 신조어다. 그런데 언제부터, 왜 X를 미지의 수라는 의미로 사용하게 되었을까.

    최초의 이것이 사용된 것은 데카르트의 「방법서설(1637년)」이다. 데카르트는 이미 알고 있는 선분에는 A, B, C를, 미지의 선분에는 X, Y, Z를 이용했다. 데카르트가 왜 미지수에 X를 사용했는지에 대해서는 여러 설이 있다. 그 중 하나는 당시 독일의 대수학자가 미지수로서 사용하고 있던 X에서 힌트를 얻었다는 것이다. 다른 하나는 이탈리아의 카탈디가 미지수의 1승을 X처럼 1에 사선을 붙여 표시한 것이 X에 흡사했기 때문이라는 설이다.

    나아가 아라비아에서 미지수를 〈어떤 수〉라고 하는 의미로 〈쉐이〉라고 부르고 있는 것을, 스페인인들의 당시 X 발음이

〈SH〉음이었기 때문에 이것을 〈XEI〉라고 썼다고 한다. 그래서 그 첫 문자를 취했다고 하는 설도 존재한다.

어떤 경로를 통해서든 X, Y, Z은 수학에서 미지수를 표현하는 것으로 자리를 잡았고 이것이 X가 〈미지의 수〉라는 이미지를 형성하는 계기가 되었음은 틀림없는 사실이다.

한국인은 정말 공짜를 좋아하는가

〈공짜라면 양잿물도 마신다.〉, 〈공술 한 잔 보고 십 리 간
다.〉

모두 공짜를 좋아하는 한국인의 속성에 대한 속담들이다.
그리고 사람들이 한국인을 공짜를 좋아한다고 말할 때는 어
딘가 자기비하, 약간의 혐오 같은 감정이 섞여 있다. 그래서
이런 말 끝에는 으레 외국인은 꽁짜를 좋아하지 않으며 계산
이 정확하다라는 말이 뒤를 잇는다.

한국인은 정말 공짜를 좋아하는가? 그리고 공짜의식은 혐
오할 만한 나쁜 전통인가?

한국인의 공짜의식을 알아볼 수 있는 가장 적절한 예는 아
마도 〈덤〉이라는 말일 것이다. 주부들이 시장에서 물건을 구
입할 때는 으레 덤을 요구한다. 시장상인과 주부들의 말다툼
–그러나 이 말다툼은 싸움이 아니라 요식행위 같은 것이다–
에는 거의 예외없이 덤에 대한 문제가 있다.

조선시대에는 아예 덤이 공식화되어 있었다고 한다. 예를 들어 소금장수는 도매상에서 소금을 떼어올 때 아예 덤을 줄 것을 대비해 소금을 따로 더 받아왔다. 그리고 도매상도 이 덤에 대해서는 소금값을 받지 않았다고 한다. 이렇게 받아온 덤의 소금은 예외 없이 소비자들의 몫이었다.

소금에서의 덤에는 4가지 종류가 있다. 우선 첫째는 〈맛덤〉인데 소금 맛을 본다고 한 움큼 집어서는 들고 온 자루 속에 넣는 식이다. 그 다음엔 〈눌러덤〉이다. 됫박에 담은 소금을 꽉 꽉 눌러 담는 덤인 셈이다. 그리고는 됫박을 평평하게 깎아 담는 것이 아니라 고봉이 되도록 그득하게 담는다. 이른바 〈고봉덤〉이다. 여기까지는 아주 자연스런 과정이다. 이렇게 세 가지 덤을 다 얻은 후에야 상인과 고객은 본격적인 덤에 대한 논쟁을 벌인다. 이것이 〈진짜덤〉이다.

덤에는 분명히 공짜의식이 있다. 그리고 덤이 오랜 전통이라는 데는 이견이 없다. 따라서 한국인이 공짜를 좋아한다는 것은 사실이며 갑작스런 최근의 일은 아니다.

그러나 〈덤〉에 나타난 의식은 단순히 공짜를 좋아하는 것만이 아니라 가장 계산적이어야 할 사고파는 관계에까지 침투한 한국인의 여유 넉넉함이 아닐까 싶다. 한국인의 〈정〉이 서양식의 〈사랑〉에 플러스알파를 한 감정이듯, 물건을 사고파는 데에도 이 〈+〉가 들어가야 속이 편했던 것은 아닐까.

한국 여성은 어떤 성인식을 했을까

요즘은 스물 살이 되면 부모가 꽃다발이나 카드 같은 것으로 자식의 성장을 축하한다. 어른이 되었다는 것을 공식적으로 인정하는 성년식은 나라와 문화에 따라 다르지만 어느 나라나 갖고 있는 풍습 중의 하나다.

어떤 단체든 처음 함께 하는 사람들에게 입사식이나 입단식을 치러주는 것과 같은 맥락의 신고식인 셈이다.

5월 15일이 성년의 날로 공식화되긴 했지만 크게 행사화되어 있지는 않다. 오히려 가족이나 친구끼리 조용한 의식으로 치러진다. 그러면 옛날 한국의 여성들은 어떤 성인식을 치렀을까?

여성들이 성인식을 치르는 시기는 가슴에 젖멍울이 설 무렵이었다. 이때 동네의 먼저 성인이 된 처녀들이 찾아와 성인식을 주관한다. 물론 공식적인 것이 아니었고 관습적으로 내려오는 전통이었다.

성인식을 치를 소녀가 있는 집에서는 치마 윗부분, 즉 치마말이 유난히 넓고 단단한 치마를 준비하는데 이를 〈다듬이치마〉라고 했다. 여성의 치마에는 치마말 끝에 각각 한 개씩 두 개의 끈이 달려 있는데, 이 다듬이치마에는 치마말 끝에 각 두 개씩 모두 네 개의 끈이 달려 있다. 물론 이 끈은 치마를 단단히 조이기 위한 것이다.

동네 처녀들은 이 다듬이치마를 성인식을 치를 소녀에게 입힌다. 그리고 네 명이 치마끈 네 개를 각각 잡고 양쪽에서 잡아당긴다. 그러면 치마말이 소녀의 가슴을 압박하게 된다. 소녀의 갓 성숙하기 시작한 젖멍울은 몹시 예민하기 때문에 약간만 압박을 가해도 아프기 마련이다.

그런데 무려 네 명이 양쪽에서 치마끈을 잡아당겨 가슴을 압박하니 그 아픔은 말할 필요조차 없다. 그런데 여기에서 소녀가 비명을 지르면 성인식에서 낙제를 받는다. 비명을 지르면 지르지 않을 때까지 다시 가슴 조이기를 한다. 소녀는 아픔을 참기 위해 갖은 몸부림을 다하지만 비명만은 지르지 않아야 한다.

그러니 옛날 한국의 여성들은 젖가슴이 생기기 시작하면서 고통이 시작되었던 것이다.

치마라는 것이 오늘날처럼 허리에 걸치는 것이 아니라 가슴 부위에 조이게 되어 있기 때문이다. 게다가 치마가 꽉 조여져 손가락이 들어가지 않을 정도가 되는 것이 여인의 미덕으로

생각되었으니, 여성은 성인으로 성장하면서 큰 고통 하나를
더 지니고 살아가게 되는 셈이다. 여성들의 성인식은 그래서
이 고통을 미리 감내하는 내용으로 치러진다. 평생을 지니고
살아야 할 고통을 성인식에서 미리 체험하게 되는 셈이다.

더욱 즐거운 지적 탐험을 위한 페이지

혀의 신비로운 기능

혀는 7가지 종류의 다양한 운동능력이 있는 근육들로 구성되어 있기 때문에 신체의 어느 곳보다 운동력이 뛰어나 그 형태를 마음대로 구사할 수 있다. 동물에서 보면 발정의 전희는 많은 경우에 혀로부터 시작된다. 인간도 이와 흡사하다. 따라서 혀를 가장 원시적이면서도 가장 문화적인 사랑 표현의 도구라고도 한다. 혀가 잘려져 병원을 찾는 응급환자 가운데 교통사고와 같은 외상에 의한 경우가 의외로 적다. 대부분은 정사 도중에 흥분을 가누지 못한 나머지 상대방의 혀를 물어뜯어 잘리워졌거나 강제로 키스를 하다 혀를 물어뜯긴 경우가 많다. 그 발생빈도는 남녀가 거의 비슷하게 나타난다고 한다.

최초의 크리스마스 카드

크리스마스 카드가 처음 등장한 것은 1843년 영국의 콜 호슬레라는 왕립미술아카데미의 화가가 그린 카드이다. 이 그림은 가운데에 3대의 가족이 모두 모여 즐겁게 식탁을 둘러싸고 있는 광경이 그려져 있다. 그 왼쪽에는 가난한 사람들에게 음식을 나누어주는 그림, 오른쪽에는 옷을 주는 그림이 있다. 영국에서는 지금도 이 카드를 복제한 카드가 매년 팔리고 있다고 한다.

매춘은 언제부터 시작되었나

성경에도 「음란한 여자」라는 단어가 44번 등장한다. 「창녀」와 「뚜장이」는 63번이나 나온다. 매춘은 인류의 역사가 시작된 이래 가장 유서 깊은 직업 가운데 하나라고 할 수 있다. 고대 중국, 그리스, 아르메니아, 시리아 등지에서는 매춘이 사회의 공식적인 직업으로 인정되었다. 그들 중 일부는 종교의식의 하나로도 행해졌다. 일종의 자원봉사라고 할 수 있는데 돈을 내고 그들과 관계를 맺는 것을 예배라고 간주했다.

음악은 언제 어떻게 생겨났는가

음악은 대략 5만 년으로부터 1만 년쯤 전의 제4빙하시대경에 발생한 것으로 추정된다. 음악은 주술이나 마술 등의 행위와 결부되어 발달했으며 본래 마력적이고 신비한 힘을 가지고 있는 것으로 생각했다. 악기로는 뼈로 만든 피리나 딱딱이 등이 있었다. 음악이 어떻게 생겨났는가 하는 데 대해서는 〈동물의 울음소리를 흉내내려는 시도에서〉, 〈언어의 억양에 점차 고저가 뚜렷해짐으로써〉, 〈자기의 감정을 음으로 표현하려는 의도에서〉, 〈노동을 할 때 장단을 맞추기 위해서〉, 〈춤의 동작에 맞춰서〉라는 등의 여러 설이 있다.

자살의 종류는

자살의 3대 동기는 병, 정신장애, 애정문제인데 최근에는 생활고, 사업실패 등 장래에 대한 우려에서 오는 자살도 많다. 자살은 1)방위적 또는 막다른 골

목에 이른 자살(도산이나 독직사건의 발각) 2)자기징벌적 자살(자신의 부주
의에 대한 자책 등) 3)히스테리 반응적 자살(일시적 경향 등) 4)항의 자살(반
정부운동을 위한 분실자살 등) 5)탐미적 자살 등으로 구분된다.

왜 장례식에서는 검은 옷을 입을까

장례식 때 검은 옷을 입는 것은 서양의 문화다. 애도의 색깔이 검정색으로
된 것은 옛날 서양의 사람들이 귀신을 두려워한 나머지 그들의 흰 피부를 검
정으로 칠하여 숨기려 한데서 비롯된 것이라고 한다. 그 후 피부에 칠하는
것에서 그 빛깔의 옷을 입는 것으로 아주 간단한 한 단계의 발전을 거친 것
뿐이다.

현대 수세식 화장실은 언제 일반에게 퍼졌을까

수세식 변기의 특허가 나온 것은 1775년 영국이었다. 1882년에는 수세식 변기를 실용화할 수 있는 밸브가 발명되었다. 이러한 영국의 수세식 화장실은 1870년대 들어 미국의 부자들 사이에서 유행했다. 당시에는 거부들만이 변기와 욕조를 같은 방에 설치했다. 1차대전 말쯤에 와서야 변기와 욕조가 있는 옥내 욕실을 갖추는 것이 일반 시민들에게도 퍼졌다.

달력은 언제 처음 만들어졌나

고대인들은 천체를 관측해 비교적 정확한 계절 측정법을 개발했는데 처음으로 달력을 제작한 사람들은 약 5,000년 전의 수메르 천관들이었다. 1년을 12달, 1달을 30일로 정한 것도 이 수메르 천관들이었다. 후에 바빌로니아인들이 이 달력을 받아들였고 바빌로니아 포로시대에 유대인들이 1주 7일제를 채택해 결국 세계 전역으로 퍼뜨렸다. 여기에 이집트인들은 1년을 365일로 늘렸고 하루 24시간제를 추가했다. 그 후 시저가 기원전 46년에 이집트에서 1년 365일제를 가져와 율리우스력에 포함시켰다.

가로등이 처음 빛을 발한 도시는?

1807년 6월 4일 런던에서는 영국왕 조지 3세의 생일을 축하하는 뜻에서 최초의 가스등이 선을 보였다. 독일 태생의 기업가인 프레드릭 윈저라는 사람이 설치한 이 가로등이 영국을 놀라게 한 후 얼마 안 있어 세계의 모든 주요 도시에 가로등이 등장하였다. 1878년에 에디슨이 전구를 발명하여 가로등에 전등이 사용되기 전까지 가로등은 전세계의 밤거리를 밝혔다.

나도밤나무는 밤나무인가?

한국의 초목에는 유달리 〈나도〉가 붙는 이름이 많다. 나도냉이, 나도바람꽃, 나도송이풀 등등. 여기서 〈나도〉는 유사함을 나타낸다. 〈너만〉이 아니라 〈나도〉라는 뜻이다. 나도밤나무는 10m쯤 되는 큰 키의 관상수다. 밤나무가 아니다. 꽃은 노란색이고 붉은 열매가 곱게 핀다. 그런데 잎이 밤나무와 비슷하다는 단지 한 가지 이유로 나도밤나무로 불리게 되었다.

3장

새로운 언어가 새로운 사고를 낳는다

인간은 언어에 대한 고정관념을 갖고 있다. 우리는 이미 오래전에 쓰던 언어들을 습관적으로 쓰며 살아간다. 이 습관과 관습의 세계에서 인간의 상상력은 비상구를 찾지 못하고 시든다. 이제 지금까지 당신이 알고 있던 단어들의 뜻을 깨뜨려 보자. 당신은 다음에 설명하는 내용이 어떤 명사의 풀이인지 알아내는 과정에서 당신 내부에 있는 새로운 언어감각을 일깨울 수 있게 되리라 생각한다.

어떤 명사의 풀이일까?

1. 상상력을 가두기 위한 거대한 음모의 결정판. 언어의 자유로운 성장을 억제해서 그 언어를 탄력성 없는 것으로 고정시키고자 생각해 낸 언어에 관한 악랄한 조작.

2. 유죄라는 것을 알면서도 다른 사람과 함께 범죄에 관여해 공모관계를 면할 수 없는 자를 일컬음. 예컨대 유죄임을 알면서도 범죄자를 변호하는 변호사가 바로 그것이다.

3. 제삼자의 것을 훔치기 위해 끼리끼리 손을 잡는 국제적 강도들의 관계. 혹은 국제정치에 있어서, 서로 자기의 손을 상대방의 호주머니 속에 깊숙이 넣고 있기 때문에 단독으로는 제삼자의 것을 훔칠 수 없게 되어 있는 두 도둑간의 단결.

4. 악인들이 제 일신상의 문제를 상의해 옴으로써 당신을 괴롭히는 일이 없고, 이번에는 당신이 자신의 신상 문제를 장황하게 말하는 것을 선인들이 경청해 주는 장소.

1. 사전 2. 공범자 3. 동맹 4. 천국

5. 순진한 사람을 별안간에 들뜨게도 하고 때론 죄로 이끌기도 하며 남들이 이해하지 못할 행동과 사고방식을 갖도록 하는 인류의 한 구성원. 이 종족은 지리적으로 널리 분포하며, 찾으려 들면 어디서나 쉽게 발견할 수 있고, 찾아내면 그것이 곧 고민의 씨앗이 되기도 한다. 보기에 그리 불유쾌한 것도 아니며, 또 귀로 듣기에 그렇듯 못 견딜 만한 것도 아니다. 그러나 용모의 아름다움으로 볼 때 분명 무지개와는 상대도 되지 않으며, 귀에 들리는 부분에 있어서도 꾀꼬리에 비하면 어림도 없다. 게다가 운반하는 점에 있어서도 꾀꼬리보다 훨씬 불편하다.

6. 쓸모없거나 아니면 그다지 중요치 않은 성(性)의 한 구성원으로서 일반적으로 '단순한 인간'으로 밖에 알려져 있지 않다. 이 종족 중에는 가족에게 의식주를 충분히 공급하는 자와 불충분하게 공급하는 자의 두 종류가 있으며, 세계의 모든 주류회사의 매상을 올려주는 데 혁혁한 공을 세운다.

7. 어떤 사람은 절대로 남의 물건을 훔칠 수 없는 천성을 갖고 있습니다. 이 젊은이도 그런 사람이죠. 그런데 뭐라구요? 저 젊은이가 사람의 물건을 자기 멋대로 처분해 돈을 벌었다구요? 저 훌륭한 젊은이가 그럴 리는 절대로 없습니다. 그때 그는 남의 집 담장을 넘다가 들켜 감옥 안에 있었습니다.

5. 처녀 6. 남성 7. 무죄

8. 자기 마음속에 그리는 제 모습에 대해 저 혼자 황홀하게 도취하기 때문에 실제 있는 그대로의 자신은 보지 못하는 동물. 그 주된 일이란 다른 동물들과 자신이 속한 종족들을 절멸시키려는 데에 있다. 그런데 이 종족은 걷잡을 수 없을 만큼 빨리 증식하므로, 이 지구상의 서식 가능한 곳이라면 어디든지 가며 지리산의 산골짝까지 붐비게 되었다.

9. 자기 나라를 떠나려는 사람의 짐을 좀 더 무겁게 하기 위한, 혹은 건망증이 심한 사람이 피해를 볼 수 있도록 하기 위해 그 사람에게 들려 보내는 믿을 수 없는 서류. 그 소지자가 외국인이라는 것을 굳이 밝혀 당사자가 특별한 배척이나 폭행의 대상임을 공개하고 있다.

10. 인간이 생각해낸 가장 신기한 벌. 신에게 거역해 죄를 범한 죄인이 그 신을 살해함으로써 신벌을 면하는 일. 이것은 그리스도교라는 성스런 종교의 근본을 이루는 신비이며 그것을 하는 자는 모두 죽어서도 멸망하는 일이 없이 영원한 생명을 얻으므로 이 신비를 이해하는 데 자신의 전 생애를 바치게 된다.

8. 인간 9. 여권 10. 속죄

11. 종종 어떤 인간들은 이것으로부터 피해 도망가지만 이내 이것 없이는 못 살겠다는 얼굴로 돌아와 선처를 호소하게 된다. 또한 이것은 상대를 보지 않고도 말할 수 있는 기회를 주어 인간의 뻔뻔스러움이 21세기에 들어와 목하 번창일로에 있게 하는데 지대한 공헌을 함. 귀찮은 인간을 접근하지 못하게 하는 그런 편리함을 침해하는 악마의 발명품.

12. 인간, 들쥐, 생쥐, 갑충, 바퀴벌레, 파리, 모기, 벼룩, 세균 따위가 함께 살도록 만들어진 속이 빈 주거물. 종종 통행하는 사람들을 욕보이며 배짱 좋은 손님의 간담을 서늘케 하기 위한 해로운 짐승도 함께 기거하며 인간이 온갖 좋은 것과 좋지 않은 것을 미리 배우는 곳이다.

13. 인간을 늙어죽는 공포로부터 벗어나게 하기 위해 조물주가 준비한 선물. 또한 조물주가 기부한 의과대학의 기금. 장의사의 생계를 유지시키기 위해 아낌없이 공급되는 것. 무덤의 구더기들이 터널을 파고 살기에 적당할 만큼 너무 건조하지도 않고 굳지도 않은 고기를 제공하는 수단.

11. 전화 12. 집 13. 질병

14. 자본주의 사회에서 떼돈을 벌기 위해 인간이 반드시 가져야 할 윤리의식. 그러나 일반적으로 학교에서는 어떤 교과목으로도 가르치지 않고 교사들도 그 성공의 놀라운 성과 때문에 겁을 먹어 오히려 가르치기를 거부한다.

15. 노쇠로부터 오는 신체파괴의 불행을 사전에 극복하게 해주는 사람. 또한 물에 빠져죽거나, 기차가 탈선했을 때 죽거나, 다른 사람의 칼에 찔려 죽는 것을 막기 위해 인간이 할 수 있는 일을 대신해주는 사람.

16. 자본주의 사회의 생식기와 같은 것. 그러나 수중에서 떠날 때 이외에는 아무리 지니고 있어도 별 볼일이 없는 그림의 떡. 교양의 징표가 되기도 하며 오렌지족의 아버지가 될 수 있는 입장권. 가지고 있어도 그다지 해롭지는 않고 운반하기도 쉬운 재산.

14. 부정직 15. 사형집행인 16. 돈

17. 독특한 병, 일부 지역의 일부 계층을 집중적으로 괴롭히는 특성을 가지고 있으나 대개는 식사요법으로 치료된다. 예리한 시각을 가진 관찰자가 전하는 바에 따르면 훌륭한 집에 사는 사람은 이 병에 강한 저항체를 가지고 있다고 한다. 이런 상식을 가지면 이 병의 만성환자에게 도움이 될 것이다.

18. 흔히 아랫사람에게 윗사람이 하는 것으로 아랫사람은 절대로 자신과 같은 인간이 아니라고 생각하는 사람들이 흔히 늘어놓는 웅변조의 말. 자주 하면 습관이 되어 상대를 가리지 않게 되며 잘 아는 것 1에다 조금 아는 것 1, 한 번은 들은 적이 있는 것 1, 말하는 도중에 생각난 것 7을 더해 간혹 1시간씩 떠드는 행위.

19. 환자를 결혼시키든가 혹은 이 병의 원인이 되었던 환경으로부터 격리시킴으로써 고칠 수 있는 일시적 정신이상. 이 병은 다른 여러 가지 질병과 마찬가지로 인공적인 환경 속에서 살고 있는 이른바 문명인에게서만 유행하며, 맑은 공기를 마시고 자연식을 하는 미개인은 이 병의 재앙으로부터 완전히 면역되고 있다. 이 병은 가끔 치명적일 수도 있는데, 이상하게도 환자보다 의사가 그렇게 되기 쉽다.

20. 무한히 많은 방법을 가진 속박 속에서 겨우 반 푼 어치 가량 권력의 압박을 면제하는 것. 모든 국가가 자기 스스로 그것을 독점하고도 독과점금지법에는 결코 걸리는 적이 없으며 모든 국민이 그것을 향유하고 있다고 떠벌리는 정치상태. 별명은 리버티(liberty). 생물학자들은 아직도 이것을 진정으로 향유하는 살아있는 표본을 찾지 못하고 있다.

17. 배고픔 18. 훈계 19. 연애 20. 자유

더욱 즐거운 지적 탐험을 위한 페이지

술래란 말은 어떻게 만들어졌을까?

술래잡기란 한 아이가 술래가 되어 숨은 아이들을 찾아내고, 술래에게 잡힌 아이가 다음 술래가 되는 놀이이다. 그런데 이 술래란 말은 어떻게 만들어진 것일까? 술래란 조선시대에 도둑이나 화재 따위를 예방하기 위해 궁중과 사대문 안을 순찰하는 일을 맡았던 군인이나 군대를 이르는 말인 순라(巡邏)에서 비롯되었다. 통행금지 시간이 되면 좌우포청의 포교와 나졸들이 장안을 돌며 감시를 했는데 이를 순라라고 한다.

숙주나물과 신숙주는 어떤 관계일까?

녹두를 그릇에 담고 물을 주어 싹이 나게 한 나물을 숙주나물이라고 한다. 숙주나물은 원나라와 교류가 빈번했던 고려 때 들어왔다. 하지만 숙주나물이라는 이름은 조선시대에 지어졌다고 한다. 조선 세조 때 신숙주는 단종에게 충성맹세를 한 여섯 신하, 즉 사육신과 함께하지 않고 세조 즉위 후에는 1등 공신이 된다. 이 때문에 백성들에게는 변절자라고 불리게 되었다. 그리고 까딱 잘못했다가는 순식간에 쉬기 쉬운 녹두나물에 신숙주의 지조없음을 빗대어서 숙주나물이라고 부르게 되었다고 하는 설이 있다. 또 숙주나물로 만두소를 만들 때 짓이겨서 넣기 때문에 숙주나물이라고 불리게 되었다는 설도 있다.

깍정이는 왜 깍쟁이가 되었을까?

깍쟁이란 말이 얄밉도록 약삭빠른 사람을 얕잡아 이르는 말이기도 하고 인색하고 이기적인 사람을 얕잡아 이르는 말이기도 하다. 조선 태조 이성계가 한양을 서울로 정한 뒤 경범죄를 저지른 범죄자들의 얼굴에 먹으로 죄명을 새긴 다음 풀어주었다. 이 때문에 정상적인 사회생활을 할 수 없었던 사람들이 지금의 청계천 근처에 모여 살았다. 이들은 구걸을 하거나 돈을 모아 장사를 하기도 했고 장의사 일을 하면서 상주에게 돈을 뜯어내는 무뢰배가 되기도 했다. 시간이 흐르면서 그 의미가 점차 축소되어서 지금과 같은 의미로 쓰이게 되었다.

샴페인은 어떻게 만들어졌을까?

샴페인(Champagne)은 프랑스 샹파뉴(Champagne) 지방에서 나는 포도주라는 뜻으로 지역명이 술 이름으로 굳어진 경우이다. 원래 샹파뉴 지방은 신맛이 강하면서도 감미로운 포도주로 유명한 지역이었고, 10세기경부터 주목받기 시작했다. 그런데 겨울 동안 잠자고 있던 효모가 봄이 되면 활동을 시작하면서 탄산가스를 만들어 포도주 병이 폭발하는 일이 많아 '악마의 포도주' 또는 '병마개 날리기'라고 불렸다고 한다. 수도원 포도주 담당 수도사였던 동 페리뇽(Dom Perignon)이 포도주의 '2차 발효'에 관심을 갖고 연구를 시작해서 압력을 견딜 수 있는 병을 만들고 철사로 뚜껑을 고정하는 방법을 발명함으로써 샴페인의 역사가 시작되었다. 샴페인에 사용하는 품종으로는 검은 포도인 피노 느와, 피노 뫼니에, 청포도인 샤르도네가 있다. 검은 포도는 껍질을 제거하고 만들기 때문에 레드 와인이 아닌 화이트 와인으로 만들어졌다고 한다.

보이콧은 언제부터 시작되었을까?

보이콧(boycott)이란 어떤 목적을 관철하기 위해 공동으로 상대방을 거부하거나 배척하는 것을 말한다. 사회적으로는 특정 상품을 조직적·집단적으로 사지 않기로 하거나 그렇게 하는 운동을 말한다. 영국 육군 대위 출신의 보이콧(Charles C. Boycott)은 아일랜드 백작의 재산 관리인이었다. 그는 1880년에 소작료를 깎아달라는 아일랜드 토지연맹의 요구에 응하지 않았으며 퇴거 영장을 발부했다. 이에 대해 찰스 스튜어트 파넬의 지도 아래 소작인들이 소작료 납부를 거부하고 집단으로 저항했다. 집안에서 일하던 하인과 하녀들이 철수하고 보이콧의 가족들에게는 생필품을 판매하지 않았으며 우편배달도 이루어지지 않았다. 때문에 보이콧은 자원봉사대와 군인들의 도움으로 수확을 마치긴 했지만 마을에서 떠나야 했다. 현재는 어떤 세력이나 국가에 제재 혹은 보복을 가하기 위한 공동의 배척까지도 보이콧이라고 불린다.

왜 바가지를 썼다고 할까?

바가지는 주로 물을 푸거나 물건을 담는 데 쓰는 둥그런 모양의 그릇을 말한다. 그런데 이것을 긁으면 아내가 남편에게 하는 잔소리나 불평의 말이 되고, 이것을 쓰면 정해진 값보다 더 높게 값을 매겨서 받는 것을 말한다. 그중에서도 바가지를 쓰다는 말의 유래는 이렇다. 개화기에 외국에서 다양한 문물들이 쏟아져 들어왔는데 이때 새로운 도박도 함께 들어오게 되었다. 일본에서는 화투가, 중국에서는 마작과 십인계(十人契)가 들어왔는데, 십인계라는 도박은 1부터 10까지 숫자가 적힌 바가지를 뒤섞어 엎어놓고 각자 바가지에 돈을 거는 노름이었다. 이때 물주가 숫자를 말하면 각자 자기가 건 바가지를 뒤집어 확인을 하는데 물주가 말한 숫자가 적힌 바가지에 건 사람이 나머지 사람들의 돈을 모두 가지며, 그 숫자에 건 사람이 아무도 없으면 물주가 모두 갖는다. 이렇게 바가지의 숫자를 맞히지 못해 손해를 보았을 때 '바가지 썼다' 라고 하게 되었다.

4장

세계사의 인물들, 그리고 거짓과 진실

제너의 천연두 연구는 인체실험이었다

　지금은 지구상에서 절멸되었다고 하는 천연두지만 중세 이후 유럽에서는 죽음의 병으로서 공포의 대상이었다. 사망률이 높아 감염자의 20%에서 30%가 죽어갔다.

　그런데 천연두는 한 번 걸렸던 사람에게는 두 번 다시 찾아오지 않는다. 여기에 착안해서 개발된 것이 바로 종두법이다.

　그 창시자인 제너는 1749년에 태어난 영국인이다. 그가 살던 그로스터란 지방에서는 소젖을 짜는 사람들은 천연두에 걸리지 않는다고 하는 이야기들이 회자되고 있었다. 즉 소가 걸리는 병중에 천연두와 비슷하지만 가벼운 증세를 보이는 우두라는 병이 있는데, 소젖을 짜는 사람들은 그 젖을 통해 감염되어 손가락에 종기가 생기는 일이 많았다. 그 우두에 걸렸던 사람들은 체내에 면역이 생겨 천연두에 걸리지 않았다. 후에 알려진 바로는 천연두 바이러스와 우두 바이러스는 상당히 비슷한 구조를 가지고 있다고 한다.

그렇다면 먼저 우두에 감염시켜 놓으면 그 사람은 천연두에 걸리지 않는 것은 아닐까라고 제너는 생각했다. 그러나 주변 사람들은 그 말을 전혀 믿으려 들지 않았다. 결국 그는 그의 아들에게 우두를 접종시켜 아무런 문제가 없음을 증명해 보였다.

하지만 이 말은 사기이다. 제너가 행한 최초의 실험은 자신의 아들을 대상으로 한 것이 아니다. 그의 실험은 우유를 짜는 한 여성의 팔에 난 우두 종기로부터 액체를 취해, 전혀 알지도 못하는 가난한 8세의 남자 아이를 대상으로 이루어졌다. 이것이 1796년 5월 14일의 일이다. 그리고 6주 후에 이번에는 천연두의 농즙을 그 소년에게 접종했다. 결국 제너의 생각대로 그 소년은 천연두가 발병하지 않았다.

이 발견은 온 세계의 관심을 불러모았다. 미국에서는 토마스 제퍼슨 대통령이 가족과 함께 접종을 받았다. 영국과 한창 전쟁 중이던 프랑스의 나폴레옹은 제너에게 메달을 하사하고 프랑스 전군에게 접종을 하도록 명령을 내리기도 했다. 인류의 발전을 위한 커다란 진보가 아닐 수 없다.

제너가 했던 연구는 일종의 인체실험이라고 할 수 있다. 지금이라면 심각한 인권문제를 불러일으키겠지만 산업혁명이 한창 진행 중이던 당시 영국은 가난한 사람은 한 사람의 인간으로 인정받지 못하고 동물과 마찬가지의 취급을 받았던 시기였다. 따라서 제너의 인체실험도 아무런 비판을 받지 않았

다. 그 후에도 제너는 가난한 집 아이들과 소년원의 아이들을
실험대에 올려 연구를 계속했다고 한다.

기선의 발명자는 플턴이 아니다

　로버트 플턴이 만든 증기로 움직이는 배, 클러먼트호가 뉴욕의 허드슨강을 따라 향해했던 것은 1807년의 일이다. 와트에 의해 비약적인 발전을 거듭한 증기기관은 계속해서 배를 움직이는 데까지 발전한 것이다.

　이 쾌거로 플턴은 기선의 발명자로 역사에 이름을 남기게 된다. 그렇지만 플턴보다도 20년 가까이 먼저 기선을 만들고 정기항로 운항에까지 성공했던 인물이 있었다는 사실을 알고 있는 사람은 거의 없다.

　그 인물은 존 피치라는 미국인이다. 증기기관은 만들어졌지만 기선을 만드는 데는 곤란한 점이 있었다. 그것은 선박의 추진 수단을 무엇으로 하는가의 문제였다. 옛날부터 배는 돛이나 노로 움직여 왔으나 증기기관으로 노를 젓는 것은 기계적으로 어려운 일이었다. 배의 추진 수단으로 물갈퀴차, 프로펠러, 스크루 등은 이미 발명되어 있었고 물을 후미에서 뿜어

내는 제트방식도 존재했지만 그 어느 것이 기선에 적합한지는 분명치 않았다. 존 피치는 시계기술자와 측량사로 각지에서 일하다가 증기기관에 대한 연구를 시작했다. 그는 1785년 트랙터의 캐터필러 꼴의 부판(浮板)이 있는 증기선을 처음으로 만들었다. 그는 개량을 거듭해 결국 물갈퀴차, 스크루, 제트라는 세 가지 방식의 증기선을 만드는 데도 성공했다. 1790년에는 필라델피아와 베링턴 사이를 평균 시속 12km로 달리는 기선 정기항로까지 개설했다.

그렇지만 이 배는 속도도 느리고 선박 안은 증기기관과 연료로 가득 찼다. 게다가 뱃사공과 강가의 주민들 반대도 거셌다. 결국 이 사업은 엄청난 적자를 냈고 출자자들이 기선은 아직 상업용이 아니라면서 손을 뗌으로써 수포로 돌아가고 말았다. 그 후에도 피치는 빈곤한 가운데 연구를 계속했지만 얼마 후에 비관자살을 했다고 한다.

플턴의 성공은 그 후의 일이다. 시대도 변하고 경제활동이 왕성해지고 있었기 때문에 기선에 대한 수요가 새로이 생겨났다. 플턴은 1807년 물갈퀴차가 붙은 클러먼트호(길이 43m, 150톤)를 완성해 증기선의 공개실험에 화려하게 성공해 사람들의 인기를 끌었다. 그 인기로 기선을 실용화시킬 수 있었다.

그러나 당시는 아직 증기선에도 돛을 달고 있었으며 증기의 힘만으로 대양을 건너는 배가 생긴 것은 그로부터 30년이나 뒤의 일이다.

　결국 플턴의 공적으로서 평가할 수 있는 것은 기술적 의미에서의 〈발명〉이 아니라 마케팅에서 성공했다고 하는 사업적 재능이라고 할 수 있다. 이런 사례는 플턴의 경우에만 적용되는 것은 아니다. 당시 증기기관차를 발명했다고 하는 스티븐슨도 참다운 발명자는 아니라고 한다. 그는 앞서 다른 사람이 만들었던 것을 개량해 사업화에 성공했을 뿐이다.

세기의 사랑, 세기의 비즈니스

　어느 분야에서건 여왕이라고 불리는 여성 실력자들이 있다. 영화계에서 〈할리우드의 여왕〉이라고 불리는 여배우들도 몇 명 있다.

　그러나 영화 속에서가 아니라 현실에서 여왕이 된 사람은 없다. 단 한 명, 그레이스 켈리를 제외하고는. 물론 엄밀하게 이야기하면 여왕이 아니라 왕비일 뿐이지만 어쨌든 대단한 일임에 틀림이 없다.

　그레이스 켈리는 유복한 가정에서 태어났고 숙부가 유명한 극작가이기도 해서 별 어려움 없이 영화계에 데뷔했고 단 5년 만에 아카데미 여우주연상을 수상하는 등 순조로운 스타의 길을 걸었다. 연애 가십은 꽤 있었지만 이것은 당시 할리우드에서는 누구나 있는 일이었다.

　히치콕 영화 등에 출연하고 있던 그레이스 켈리가 시집을 간 곳은 모나코 왕실이다. 모나코는 매우 조그마한 소국으로

면적은 우리나라의 웬만한 시보다 작은 규모다. 이곳에 3만 명이 거주하고 있으며 주요한 산업은 관광이다.

세상에는 모나코의 레니에공과 그레이스 켈리가 잡지 취재 일로 만나 첫눈에 사랑에 빠졌다고 알려져 있지만 실상은 이것과는 매우 다르다.

당시 모나코공국은 나라의 실권이 그리스의 선박왕 오나시스에게 있었다. 모나코 최대의 고민은 관광객의 감소현상이었는데, 이 때문에 레니에공과 오나시스도 머리를 싸매고 있었다고 한다. 게다가 국왕은 아직 독신으로 후계자가 생기지 않는다면 프랑스에 병합될 가능성도 있었다.

여기에서 오나시스가 착안한 것이, 할리우드의 인기 여배우를 모나코의 왕비로 삼는다면 미국에서의 관광객이 늘지 않을까라는 생각이었다. 그래서 후보를 물색하기 시작했다. 마릴린 먼로도 그 중의 하나였다고 하는데 왕비감으로는 어울리지 않는다고 판단했고 왕비가 갖춰야 할 나름대로의 기품이 있는 여배우로 그레이스 켈리를 선택했다.

즉시 오나시스는 그레이스 켈리와 레니에공의 우연을 가장한 영화보다 더 극적인 만남의 시나리오를 완성했고 그것을 연출했다. 이 연출된 사랑은 잘 진행이 됐고 두 사람은 결혼에 골인했다.

그 후 이들 부부의 행복한 결혼생활이 지속적으로 세계 언론을 타곤 했다. 하지만 그레이스 켈리가 53세에 교통사고로

사망한 후 그동안 숨겨져 왔던 몇 개의 스캔들이 표면화되기
도 했는데, 반드시 밖에서 보던 것처럼 행복했던 것만은 아니
었던 것 같다.

"인민의, 인민에 의한, 인민을 위한 정치" 누가 처음으로 한 말일까

민족주의의 개념을 가장 잘 표현한 것으로 유명한 이 말은 사실 링컨의 창작물이 아니다. 남북전쟁에서 숨진 병사들이 묻힌 게티스버그에서 링컨이 한 연설에 이 말이 사용된 것은 틀림없는 사실이다. 그렇다면 링컨은 어디서 이 말을 따왔을까?

이 말이 기록되어 있는 가장 오래된 문헌은 14세기 영국에서 출판된 구약성서에 존 위클리프라고 하는 사람이 쓴 영역판 서문이다. 이 사람은 종교개혁의 선구자로서 그의 사상이 민주주의와 결합되어 있다는 것은 그리 부자연스러운 일은 아니다.

그 후대의 사람 중에서도 링컨보다 1세기 전의 정치가 다니엘 웹스터가 똑같은 말을 했다고 한다. 또 링컨과 동시대의 평론가인 시오도 파커라고 하는 사람이 저작에도 이 문구가 있다.

그러나 아무리 명언이라고 할지라도 그것을 말한 사람이 유명하지 않다면 유명한 말이 될 수 없다. 어쨌든 이 명언이 역사에 남게 된 것은 링컨의 덕택인 셈이다.

아메리카의 이름을 만든 사람은
아메리고가 아니다

이탈리아의 항해가 아메리고 베스푸치는 역사상 명예와 불명예를 함께 지니고 있는 인물이다. 콜럼버스가 신대륙을 발견한 것은 1492년의 일이고 아메리고 베스푸치가 4차례에 걸쳐 우루과이, 브라질, 아르헨티나 등을 항해한 것은 1499년 이후다. 신대륙의 최초 발견자는 아니지만 적어도 남미의 최초 발견자라는 영예는 아메리고의 몫이다. 그의 명예는 〈아메리카〉란 지명이 그의 이름인 〈아메리고〉를 따서 붙여진 것이라는 점이다.

불명예라고 하는 것은 신대륙을 처음으로 발견한 콜럼버스의 공적을 가로채고 거기에다 〈아메리카〉란 이름을 붙였기 때문에 두고두고 정당하지 못한 행위로 거론되기 때문이다.

하지만 여기에는 약간의 오해가 있는 듯하다. 어찌 되었든 16세기에 만들어진 「세계지 서설」이란 책 속의 지도에 그려진 신대륙을 〈아메리카〉로 명명한 것은 아메리고가 아니기 때문이다. 그 지도를 제작한 마틴 발트 제뮬러라는 독일의 성직자가 1507년에 아메리고의 이름을 따서 아메리카라고 이름을 붙였을 따름이다.

그러면 이 제뮬러는 왜 신대륙의 이름을 아메리카라고 했을까. 그 가장 큰 이유는 콜럼부스에게 있다. 콜럼부스는 죽을 때까지 자신이 발견한 대륙이 인도의 서쪽이라고 굳게 믿었기 때문이다. 아메리고도 콜럼부스와 마찬가지로 유럽, 아시아, 아프리카 3개 대륙만 존재한다는 관념이 강했지만 여러 번의 항해를 거치면서 위치를 정확하게 계산한 결과 새롭게 발견된 대륙이 제4의 대륙이라고 생각했던 것이다. 특히 브라질 탐험을 위한 3차 항해 후 보고서를 작성하여 〈신대륙의 발견〉을 주장했다.

두 번째 이유는 콜럼부스보다 아메리고 쪽이 자신이 발견한 내용에 대한 기록이나 강연 등을 보다 활발히 전개했다는 점이다. 제뮬러는 아메리고의 신대륙 항해를 기록한 서간집을 보고 신대륙에 아메리카란 이름을 기입한 것이다. 하지만 이것뿐이라면 문제는 오히려 간단하다. 아메리고는 이 서간집이나 수기, 강연 등을 통해 자신의 신대륙 발견 일자 등을 앞당겨서 기록하기도 했기 때문이다. 이것은 당시 출판 편집인들의 실수 때문이라는 주장도 있다. 그리고 그 진실여부는 아직도 논쟁중이다.

콜럼부스는 아메리고에 비해 수기나 편지를 그다지 쓰지 않은 인물이다. 이처럼 기록을 풍부히 남겼다는 것과 남기지 않았다는 것의 차이로 말미암아 아메리고는 아메리카로 이름이 남고 콜럼부스는 워싱턴에 그의 이름이 약간 남아 있을 뿐이다. 〈워싱턴 DC〉의 〈DC〉는 〈District of Columbia (콜럼비아 특별구)〉의 약칭인데 이 Columbia가 바로 그것이다.

콜럼버스는 왜 신대륙을 동인도라고 믿었을까

　지금 우리의 지식으로 본다면 콜럼버스가 신대륙을 발견하고 그곳을 왜 인도의 동쪽이라고 생각했는지 쉽게 납득이 가지 않는다. 이미 마르코 폴로의 동방견문록이 나올 정도로 인도나 중국에 대한 정보가 전혀 없었던 시대가 아님에도 불구하고 자신이 신천지를 발견했다는 사실을 왜 깨닫지 못했을까.

　콜럼버스의 시대는 아직 지구가 둥글다고 하는 사실을 일반인들은 믿지 않던 시기였다. 바다의 끝에 도달하면 절벽이 있어 〈지구〉에서 떨어져 버린다고 믿었다.

　결국 콜럼버스를 필두로 하는 대항해시대란 지구가 둥글다고 하는 것을 증명하는, 목숨을 건 실험의 시대인 셈이다. 그러한 의미에서 처음으로 서쪽을 향해 출항하면서 콜럼버스가 내심 준비한 사항을 지금의 시각으로 살펴보자면 조금 유치한 수준이다.

먼저 아라비아어를 할 줄 아는 통역사를 동승했다는 점이
다. 왜 아라비아어 통역사인가 하면 당시에는 아라비아어와
중국어가 매우 비슷하다는 생각이 널리 퍼져 있었기 때문이
다.

또한 그가 도착하는 땅에서 질문하려고 마음먹고 있던 것들
이 있다. 그 첫째가 금이 있는가란 질문이었다. 두 번째가 향
료가 있는가, 세 번째가 종교는 무엇인가라는 질문이었다. 이
것으로 콜럼부스는 자신이 어디에 도착했는지를 알 수 있으
리라 생각했다.

금이 있다면 동방견문록에서 전하는 지팡구(일본)일 것이고
향료가 있다면 향료제도(몰카제도)일 것이다. 그리고 기독교
가 널리 퍼져 있다면 유럽에서 전해 내려오는 프레스터 존이
란 나라임에 틀림없으리란 계산이었다.

콜럼부스가 꿈에 그리던 목적지에 도달한 것이 1492년 10
월 12일이었다. 그가 죽을 때까지 동인도라고 믿어 의심치 않
았던 섬, 아메리카였다. 물론 이곳에 콜럼부스가 구하려던 것
들은 거의 존재하지 않았다. 금도, 향료도, 그리고 기독교를
믿는 미지의 종족도, 스페인에 돌아가서 국왕에게 보고하기
에는 빈약하기 이를 데 없는 결과였다. 단지 몇 가지 특산품
만이 있었을 뿐이다. 그런데 왜 이곳을 동인도라고 착각하게
된 것일까.

그것은 어찌 보면 간단한 수치착오 때문이었다. 즉 아라비

아 지리학자의 말에 따라 항해거리를 계산했는데, 이때 아라
비아 마일과 이탈리아 마일이 길이의 차이가 있다는 것을 미
처 생각하지 못했던 것이다. 어쨌든 후세에는 이 〈동인도 제
도〉를 바하마 제도로 부르고 있다.

루이 14세는 왜 일 년에
목욕을 한 번밖에 하지 않았을까

　루이 14세는 목욕을 거의 하지 않았던 것으로 유명하다. 얼굴도 제대로 씻지 않았기 때문에 언제나 이가 들끓어 고생했다고 한다. 호화의 극을 달린 베르사이유 궁전을 지을 정도였으니 호화로운 전용 목욕탕을 짓는 것도 어려운 일은 아니었을 텐데 왜 루이 14세는 그렇게 목욕을 싫어했던 것일까.

　그 답은 루이 14세가 특별히 게을렀기 때문이 아니라 콜럼부스 때문이다. 더 자세히 설명한다면 콜럼부스가 신대륙에서 옮겨온 매독이라는 병 때문이었다. 1492년 콜럼부스가 1차 항해에서 도착한 현재의 하이나 섬(콜럼부스는 에스파뇰라 섬이라고 이름 붙였다)에서 콜럼부스 일행 중 몇 명이 이 지방의 풍토병인 매독에 감염됐다. 이 매독은 놀라운 정도의 속도로 퍼져나가 약 20년 만에 아시아를 포함한 전 세계에 퍼졌다.

　유럽에서는 이 매독이 공중목욕탕에서 전염되는 경우가 많았기 때문에 공중목욕탕은 급속히 사라져갔다.

원래 중세 유럽은 신앙의 시대로서 교회에서는 745년 공중목욕탕을 〈죄악의 온상〉으로 금지하고 신체에 땀이나 때가 있는 것은 신심이 깊은 표시라고까지 설교했다. 따라서 중세 유럽에서 공중목욕탕은 자취를 감추었고 사람들은 그다지 목욕을 하지 않게 되었다.

세례를 받을 때 향유를 바른 다음 18년간 얼굴을 씻지 않은 여성이 찬양을 받았다고 하는 믿지 못할 이야기도 전해진다. 목욕문화가 발달했던 청결한 로마시대에서 일변해 불결한 시대로 접어들었던 셈이다.

유럽에 다시 목욕의 습관을 부활시킨 것은 십자군이었다. 십자군을 통해 이슬람의 문화가 유럽에 전파되었는데 그 중에 하나가 이슬람이 그리스로부터 물려받은 목욕 풍습이었다. 당시 이슬람에서는 터키탕이 유행이었으므로 유럽에도 터키탕이 출현하게 되었다.

14세기의 프랑스에서는 욕탕이나 사우나 맨 가운데에 판을 걸어놓고 남녀가 마주보며 그 판 위에 놓여 있는 술이나 음식을 먹는 곳도 있었다고 한다. 이러한 남녀 혼욕이 풍기를 문란하게 하고 그에 따라 매독이 창궐한다고 생각한 프랑스 왕 프랑소와 1세는 1538년 혼욕의 완전금지령을 내렸다.

실제로 당시의 공중목욕탕은 풍기가 문란하기 이를 데가 없어 일종의 남녀 사교장이었고 때로는 매춘도 행해지곤 했다.

특히 불임 여성들이 공중탕을 자주 찾았는데 그곳에서 남자 하인의 시중을 받으면 임신을 할 수도 있다고 알려져 있었기 때문이다. 당시 사람들은 매독뿐만 아니라 페스트나 나병도 목욕탕에서 감염된다고 생각했으므로 목욕탕의 쇠퇴는 결정적인 것이었다. 이와 더불어 사람들의 목욕 습관 자체도 없어져갔다.

가정에 목욕탕을 설치할 수 없는 서민뿐만이 아니라 루이 14세와 같은 귀족이나 왕족들도 목욕 자체를 꺼리게 되었다. 결국 루이 14세뿐 아니라 귀부인들마저 이런 풍습을 따랐다고 한다.

한편으로 이런 풍습은 프랑스의 향수문화를 발전시켰다. 바로 자신의 몸에서 나는 악취를 제거하기 위한 노력에서 나온 것이다.

이른바 향수는 〈불결의 시대〉의 산물인 셈이다. 게다가 당시 가정에는 화장실이란 것이 특별하게 없고 요강과 같은 항아리를 이용했는데 아침이면 창문을 열고 길에다 버렸기 때문에 온 시내는 악취로 들끓었다고 한다.

한때는 베르사이유 궁전에도 화장실이 없다는 이야기가 있었는데 이것은 사실이 아닌 것으로 밝혀졌다. 17세기 중반부터 상류계급의 침실에 화장실용 항아리와 목욕용 대야(일종의 욕조)가 설치되었다. 지금처럼 욕조와 변기가 함께 있는 형식이 시작된 것이라고 할 수 있다. 어쨌든 유럽의 〈불결의 시대〉는 19세기 중반 국민보건 차원에서 목욕과 수영을 강조할 때까지 계속되었다.

노벨은 평화주의자인가 호전주의자인가

노벨의 뇌관과 다이너마이트의 발명은 전 세계에 엄청난 영향을 끼쳤다. 노벨은 두 개의 특허를 가지고 있었기 때문에 막대한 특허수입을 올릴 수 있었고 독자적으로 공장을 경영하기도 했다. 그는 이 자금을 바탕으로 각국의 화약공장을 흡수 합병하고 러시아의 바쿠 유전을 경영하는 등 다른 사업에도 진출해 거대한 노벨콘체른을 만들었다.

우리는 보통 노벨이 다이너마이트만을 발명한 줄로 알고 있다. 그리고 이 다이너마이트는 평화적으로만 이용하면 인류에게 커다란 발전을 가져다줄 수 있기 때문에 다이너마이트로 인한 여러 재난은 그것을 활용하는 사람이 잘못했기 때문이라고 생각하는 경우가 많다. 하지만 노벨은 다이너마이트만을 발명한 것이 아니다.

그는 노벨콘체른을 경영하면서도 연구를 게을리 하지 않았다. 그의 다음 목표는 연기가 나지 않는 화약의 개발이었다.

당시 대포는 한 발씩 발사할 때는 연기가 그다지 문제가 되지 않았지만 1887년 영국이 개발한 6인치 속사포에서는 대량의 포연 때문에 목표가 전혀 보이지 않아 다음 발사를 늦출 수밖에 없었다. 이 때문에 무연화약의 필요성이 절실했다. 노벨은 군사용 화약을 만들기 위해 연구를 거듭했다.

노벨은 니트로글리셀린에 니트로셀룰로우스를 혼합해 결국은 무연화약 발리스타이트를 발명, 제조할 수 있었다. 이것은 철포, 폭탄, 기뢰 등에 사용되었다. 노벨은 이들 군사용 화약도 대량으로 생산해 각국에 판매함으로써 억만장자가 될 수 있었다.

과연 노벨은 호전주의자인가, 아니면 평화주의자인가. 내성적인 성격이었던 그는 평생 독신으로 지낸 평화주의자라고 불리는데, 세간에서는 〈세상에서 가장 위험한 인물〉이라는 평도 받았다. 이 모순을 노벨 자신은 어떻게 생각하고 있었을까. 그는 전쟁과 평화에 대해 다음과 같이 이야기한 바 있다.

〈모든 것을 파괴해 버릴 만큼 공포스러운 것을 만든다면 적이나 아군 쌍방이 일순간에 말살되어 버리기 때문에 모든 문명국은 공포에 가득 찬 전쟁에서 등을 돌리고 군대는 사라지게 될 것이다.〉

이것은 당시부터 현재에 이르기까지 군비를 증강하는 사람들이 전개한 논리와 일치하며 냉전 하의 핵강대국의 지도자들이 즐겨 주장하던 논리였다.

현실적으로 이런 방법으로 전쟁과 군대가 사라질 것이라는 예측은 완전히 빗나갔다. 그러나 노벨은 이 군비증강론자와는 달리 마음으로부터 평화를 소망했다.

　노벨은 자신이 개발한 발명품에 의해 많은 희생자, 전사자가 속출하는 것에 마음의 상처를 입고 노벨평화상을 만들 것을 유언으로 남겼다. 물리학, 화학, 의학, 문학, 평화 등 5개 부분에서 〈인류의 복지에 가장 구체적으로 공헌한 사람에게〉 매년 상을 수여하는 것이 바로 이 노벨상이다. 결국 그는 마지막까지 평화주의자로 남기를 원한 것이다.

　하지만 노벨을 평화주의자로 볼 것인가, 호전주의자로 볼 것인가 하는 문제는 단순히 그 개인의 주관적 신념뿐만 아니라 그 신념의 현실적 적합성까지도 판단해야 하는 문제라고 할 수 있다. 그 답 또한 이 문제를 바라보는 사람들의 나름대로의 시각을 통해서 판단할 수밖에 없다.

단두대는 길로틴이 창안한 것이 아니다

　사형폐지론에 대한 논란만큼 역사 속에 오래된 논쟁도 드물다. 또한 그 사형방법을 둘러싸고 무엇이 더 인도적이고 비인도적인가에 대한 논란도 그리 간단한 것만은 아니다. 아마 사형의 역사 속에서 가장 극적이고 독특한 것을 들라면 단두대를 꼽는 사람이 적지 않을 것이다.

　길로틴(Guillotine)이라는 이름으로 유명한 단두대는 프랑스에서 프랑스 혁명시기에 도입되어 널리 사용되었다. 프랑스 대부분의 도시에 하나씩은 있었다고 하는데 길로틴이란 이름은 프랑스의 의사 조세프 이그나스 길로틴(Guillotine)에서 비롯된 것이다. 길로틴 박사는 1789년 국민의회의 대의원이었다. 많은 사람들이 그가 길로틴의 창안자라고 생각하고 있는데 이는 사실과 크게 다르다.

　길로틴 박사는 국민의회에서 앞으로 사형은 모든 신분에 대해 평등하고 보다 인간적인 형태로 집행되어야 한다고 제안했을 뿐이다. 그리고 이를 위해서는 머리를 자르는 기구가 가장 적당할 것이라고 생각했다.

길로틴이 제안한 단두대의 역사가 인간존중이라는 생각에 철저히 반하는 형태로 전개될 것이라는 점은 그 누구도 생각하지 못했다. 이 당시 혁명은 아직 피를 보지 않은 채 진행되고 있었기 때문이다.

1789년 국민의회의 대표자들은 그의 제안을 받아들여 파리 외과의학 아카데미 서기인 앙트와느 루이 박사에게 이러한 처형장치에 대한 보고서와 모델제작을 의뢰했다. 루이는 이 일을 무려 2년이나 걸려 해결했다.

1792년 단두대 모델이 나왔지만 이것을 조립한 사람도 길로틴이나 루이가 아니고 슈미트라고 하는 독일인 기계공이었다. 루이는 의회에 제출한 보고서에서 가장 빠르고 확실하게 고통없이 죽음을 가할 수 있다는 인도주의적 견지에서 이를 만들었다고 말하고 있다.

하지만 루이 박사가 고안한 것도 실은 독창적인 것은 아니었다. 보고서에서 그는 이미 영국인들 사이에서 단두대가 사용되고 있다는 사실과 그것의 효용성이 입증되었다고 주장하고 있기 때문이다. 사용되고 있었던 것을 받아들인 것뿐이다.

또한 독일에서 이미 16세기에 단두대가 존재했다는 사실은 당시 독일의 목판화를 통해서도 증명된다.

프랑스에서는 최근까지 사형집행에 이 길로틴을 사용했는

데 너무 잔혹하다는 이유로 1981년에 와서야 공식적으로 폐지되었다.

모르스는 모르스 부호를 만들지 않았다

모르스는 〈미국의 다빈치〉라고 불릴 정도로 위대한 천재 가운데 한 사람으로 거론되고 있지만 그것은 모르스가 그린 그림 때문이라기보다 모르스의 이름을 딴 전신기와 모르스 부호의 발명 때문이다.

모르스에게 부여된 모든 명예, 모르스의 세계적 명성의 모든 것은 1844년 워싱턴과 볼티모어 사이에 만들어진 전신(電信)에서 비롯되었다. 그리고 모르스가 이 기기의 탄생에 매우 커다란 공헌을 했다는 것은 틀림없는 사실이다. 그러나 모든 백과사전에도 한결같이 나오고, 일반적으로 알고 있는 것과는 달리 모르스는 모르스 신호기도 모르스 부호도 발명하지 않았다.

그는 예일대에 입학해 문학사와 철학을 전공하면서 과학과 전기의 기초 코스를 밟았다. 그러나 곧 그림으로 관심이 옮아갔고 30대 말에는 역사화로 꽤 주목을 받는 인물이 되었다.

1832년 41세 때 유럽여행에서 미국으로 돌아오는 배에서 그는 같이 타고 있던 승객 하나가 기묘한 전자기 기계로 승객들을 즐겁게 하는 것을 보게 되었다. 그 기계는 멀리 떨어진 곳에서 버튼을 누르기만 하면 연결된 구리선을 통해 반대쪽 끝에 충격을 일으키는 장치였다. 이것을 본 모르스는 이 충격을 문자로 바꿀 수 있다면 하는 생각을 했다. 이것이 뉴스를 신속하게 원격지까지 전달하는 전신, 즉 〈인쇄통신〉의 아이디어였다.

미국에 돌아온 모리스는 이 아이디어를 실현시키는 데 곧 착수했다. 그러나 모르스의 기술적 지식으로는 무리였다. 게다가 이 당시 모르스는 뉴욕의 새로 설립되는 대학에 교수로 초빙되어 전신기에 대해 신경을 쓸 여가가 없었다. 그래서 모르스는 기술과 전기에 대한 지식이 뛰어난 조제프 헨리와 알프레드 베일을 고용해 연구를 진행시켰다. 특히 젊은 베일은 모르스 전신을 발명하는데 결정적인 역할을 했다. 그렇지만 이것은 모르스와의 계약에 따라 위탁받은 작업에 불과했다.

세계 최초의 전신기는 이런 과정을 거쳐 1836년 탄생됐다. 그러나 이것은 그리 실용적인 것이 아니었다. 전달해야 할 문자 시스템이 만들어지지 않았기 때문이다. 그 후 문자를 길고 짧은 선으로 이루어진 기호로 변환시키는 시스템도 개발되었는데 전신기와 마찬가지로 베일의 발명이었다.

그러나 특허는 전부 모르스의 손으로 들어왔다. 명성도 돈

도 모두 모르스에게로 돌아왔다. 모르스의 공적은 이 계획을 보다 치밀하게 진전시켜 의회를 최초의 미국전신구간 건설의 협조자로 돌려세움으로써 더욱 공고해졌다.

발명은 모르스가 하지 않았다 해도 아이디어는? 미국에서 유럽으로 돌아오는 도중에 생각한 〈vision from heaven〉, 즉 영감이라 불리는 아이디어는 모르스의 것이 아닐까?

그렇지만 객관적으로 이야기한다면 이 아이디어는 그리 새로운 것이 아니었다. 전기를 정보전달에 이용하려는 생각은 유럽에서는 이미 그보다 80년 전에 나왔다. 그리고 1832년에는 캔쉬타트의 파울 실링이 실용적으로 사용될 수 있는 최초의 전자기적 전신기를 만들어냈다. 1833년에는 게팅겐의 수학자 빌헬름 베버가 자침(磁針)전신기를 사용했다. 그리고 철도의 선구자 스티븐슨이 1837년 영국에서 자침 전신기에 의해 30마일 철도 전신선 이용을 시작했다. 〈모르스 전신기〉가 실용화되기 7년 전의 일이다.

나폴레옹은 왜 워터루에서 패했을까

나폴레옹은 엘바 섬을 탈출해 다시 정권을 잡은 후 13만 명의 병력을 이끌고 벨기에를 침공했다. 먼저 프로이센을 격파하고 워터루에서 영국군과 맞서게 된다. 하지만 1815년 6월 16일 워터루 전투에서 프랑스군은 대패하게 되고 나폴레옹은 세인트헬레나로 다시 유배되었다.

그런데 전투 당일 나폴레옹은 전투 개시 시간을 두 시간 늦추었다고 한다. 군사학자들은 이 두 시간이 영국군에게 전선을 정비할 시간을 주었고, 결정적으로 프로이센군의 구원병이 도달할 시간을 내줘 결국 이것이 프랑스군의 중요한 패인이었다고 지적한다. 그러면 나폴레옹은 왜 전투 개시 시간을 늦추었을까.

먼저 나폴레옹의 초상화를 머리 속에 한번 그려보자. 그가 한쪽 손을 그의 상의 속에 넣고 있는 독특한 포즈가 떠오를 것이다. 이 자세에 무슨 심각한 의미가 있는 것은 아니다. 다만 위장병으로 고생하고 있는 그가 위의 고통을 덜기 위해 자주 취한 자세라고 한다. 나폴레옹은 만성 위궤양으로, 꽤 중증이었다. 이것이 원인이 되어 변비가 심해졌고 나아가 치질로 악화되었다. 말에 올라타는 일이 매우 고통스러울 지경이었고 워터루 전투 당시에는 그 증상이 최악이었다고 한다. 전투 전날 밤에는 통증으로 한잠도 이룰 수가 없었다.

하루에 세 시간만 자면 충분하다는 지론을 가지고 있는 나폴레옹이지만 잠을 전혀 자지 않을 수는 없는 노릇이었다.

그래서 그는 주치의에게 상담을 했고, 의사는 나폴레옹에게 통증을 멈추기 위한 아편을 대량으로 사용했다. 이로 인해 그날은 잠을 충분히 잘 수 있었지만 일어났을 때는 아직 아편의 효과가 있어 머리가 어지러웠고 지휘도 제대로 할 수 없었다.

이 때문에 전투 당일 나폴레옹은 원래 전투 개시 시간을 두 시간 늦추었다. 게다가 후유증으로 그날의 전술은 완전히 허점 투성이였다. 상황은 일진일퇴를 거듭하고 쉽게 판가름이 나지 않았지만 때맞춰 달려온 프로이센 구원군의 측면 공격을 받아 프랑스군은 괴멸하고 말았다.

결과적으로 나폴레옹의 치질이 워터루 전투의 결정적 패인이라고 할 수도 있을 법하다. 결국 나폴레옹의 백일천하는 치질로 인해 막을 내린 셈이다. 이 같은 사실은 의학사 연구를 하고 있는 프랑스의 루돌프 마르크스란 사람이 나폴레옹의 패인을 분석한 논문에서 확인된 사실이다.

링컨과 워싱턴 중
누가 자신의 이름을 지명으로 많이 남겼을까

미국은 신생국이므로 그 지명의 대부분이 유럽의 어딘가에 있는 것을 그대로 차용해 만든 게 많다. 인디언들이 사용하고 있던 본래 이름도 있지만 백인들은 이를 무시하고 자신들이 기억하기 쉬운 지명을 붙였다. 〈뉴~〉라는 것은 모두 그곳에 사는 사람들 자신이 이미 오기 전 살았던 곳의 지명에 〈뉴~〉를 붙인 것이다.

독립 후 강대국 반열에 들어가면서부터는 건국 영웅들의 이름을 따서 지명을 붙이는 것이 유행했다. 워싱턴이 그 좋은 예다.

워싱턴이라고 말하긴 했지만 미국인에게 〈워싱턴에 갈 일이 있다〉라고 말하면 반드시 〈워싱턴 어디?〉라고 되물어본다. 즉 우리에게 워싱턴은 백악관이 있는 미국의 수도를 가리키지만 미국인에게 단순히 워싱턴이라고만 했을 때는 워싱턴 주를 가리키는 말이다. 백악관이 있는 워싱턴은 〈워싱턴DC〉,

혹은 줄여서 〈DC〉라는 말로 통한다. 이 두 개의 워싱턴이 가장 유명하지만 개개의 거리나 워싱턴 공원과 같은 것까지 포함한다면 미국 전체에 워싱턴이라는 이름의 지명은 1,346개나 있다고 한다.

그러나 이것은 그리 놀랄 일이 아니다. 노예해방으로 유명한 링컨의 경우 그보다 많은 1,367개에 달한다. 미국의 역대 대통령은 이처럼 많은 지명에 이름이 붙여졌다. 케네디의 경우 뉴욕 공항이 존 F 케네디라는 이름으로 바뀌었고, 그 외 그의 이름을 붙인 학교도 많다. 우리나라의 경우는 행정구역 단위의 지명은 없지만 퇴계로, 충무로, 율곡로, 세종로 등 거리 이름에 역사적 위인의 이름을 붙이는 곳이 계속 늘고 있다.

히포크라테스는 그 명성만큼
성공을 거둔 의사는 아니다

히포크라테스는 현대적 의학의 창시자이자 의성(醫聖)으로 추앙받는 인물이다. 그렇지만 실제로 그의 명성은 의사로서의 성공보다는 〈히포크라테스 선서〉라고 알려진 이른바 의사의 윤리강령에 많이 의존하고 있다. 히포크라테스가 중국의 명의인 〈화타〉나 〈편작〉처럼 기사회생의 놀라운 능력을 가진 사람으로 상상하는 경우가 많은데 이는 사실과 매우 다르다.

히포크라테스가 의학이라는 새로운 학문을 만들어낸 것만은 틀림없는 사실이다. 히포크라테스는 그때까지 성직자들에 의해 주술적으로 행해지고 있던 의술을 과학적인 입장에서 확립했다고 한다. 당시 신성병이라고 불리던 간질병에 대해 그것은 신성한 것이 아니라 보통 질병과 마찬가지로 자연적 현상이라고 설명했다. 즉 병자는 신의 벌을 받은 사람이 아니라고 한 것이다.

또한 그는 병의 원인을 피타고라스 학파나 엠페토클레스처럼 철학적으로 찾는 것을 반대하고 경험적 의학이야말로 정통적 의학이라고 주장했다. 의학을 이론적인 것이라고 하기보다 기술이라고 했던 것이다. 그러나 그 시도가 대성공을 거두었다고 보기는 어렵다.

그의 사고방식 또한 하나의 이론적 틀을 가지고 있었기 때문에 상당히 사변적이고 실증성을 결여하고 있었다. 피타고라스 학파의 알루크마이온처럼 해부학을 숭상하지도 않았다. 질병과 장기와의 관계에 대해서는 아직 생각이 미치지 못했다.

예를 들어 그는 질병의 원인을 혈액과 점액, 황담즙, 흑담즙이라는 네 가지 체액의 불균형에 있다고 생각했다. 이 사고방식은 그 이전의 주술사들에 비해 진일보한 것이긴 하지만 여전히 비합리적인 측면이 강하다. 따라서 오늘날에는 그가 사용한 말들이 〈점액질〉이라는 개념어로서밖에 남아 있지 않다. 다만 의사로서의 그의 공적은 〈의사는 사람이 가진 자연치유력을 돕는 것이다〉라는 탁월한 견해에 있다.

한편 놀라운 것은 그가 105세까지 장수했다는 사실이다. 당시 평균수명에 비해 상당한 장수를 누렸다고 할 수 있다. 물론 여기에 대한 반론과 이설도 많다. 실제로 당시 이 정도 나이까지 사는 것은 거의 기적과 같은 일이었다.

따라서 이것은 히포크라테스라는 이름의 의사가 여러 사람이었기 때문이라는 주장도 있다. 어떤 주장이 사실인지는 확실치 않지만 히포크라테스라고 하는 이름은 〈코스 섬 출신〉 이라는 의미로 코스 섬 출신 의사는 모두 히포크라테스로 불렸다. 그가 살던 기원전 4~5세기에만 해도 똑같은 이름을 가진 의사가 여섯 명이나 있었다고 한다. 이 때문에 그의 사망 시기가 정확하지 않은 것인지도 모른다.

최초의 대서양 횡단으로 알려진
린드버그는 67번째로 대서양을 횡단했다

　찰스 린드버그의 대서양 무착륙비행이 이루어진 것은 1927년이다. 그는 뉴욕을 출발해 33시간 만에 파리에 도착했다. 출발과 도착 상황은 당시 매스컴에 의해 자세하게 전해지고 있다.

　이 무착륙 비행은 자주 〈세계 최초의 사건〉으로 소개되고 있지만 이것은 사실과 전혀 다르다. 린드버그 이전에 대서양을 무착륙 횡단한 사람은 무려 66명이나 된다.

　독일의 체페린과 영국의 ZR3호라는 비행선이 린드버그 전에 이미 대서양을 횡단한 바 있다. 영국 비행선에 31명, 독일 비행선에 33명으로 모두 합쳐 64명에 달한다. 또한 그 이전에 영국인 군인 두 명이 비행기 한 대로 북대서양을 16시간 만에 횡단했다는 기록도 있다.

　그러면 린드버그가 한 일은 별다른 가치가 없는 일이었을까. 그것은 아니다. 뉴욕과 파리라고 하는 대도시를 출발점과

도착점으로 한 것은 그가 최초이며 〈단독〉비행을 한 것도 린드버그가 최초의 인물이다. 비행시간도 길었다. 요즘에야 얼마나 짧은 시간에 날아갈 수 있는가가 중요하지만 당시에는 얼마만큼 오랫동안 날 수 있는가가 경쟁의 초점이었다.

따라서 린드버그를 소개하면서 〈세계 최초〉라는 말을 붙이고 싶을 때는 〈단독〉이라든가 〈뉴욕-파리간〉이라고 하는 수식어를 반드시 붙이지 않으면 거짓말을 하는 셈이 된다.

당시 대위였던 린드버그는 이 위업을 달성함에 따라 대령으로 승진했고 나아가 대부호의 딸과 결혼하는 행운을 잡았다. 여기까지는 영화 속의 주인공답게 모든 것이 행운의 연속이었다. 그러나 그 후 린드버그는 세계적인 대비극에 휘말리게 된다.

세상에 태어난 지 얼마 되지 않는 갓난아기가 유괴되고 말았기 때문이다. 이 사건은 아가사 크리스티의 『오리엔트 특급 살인사건』의 모델이 되기도 했다.

대통령이 라디오로 범인에게 호소하는 등 전국민적으로 아이의 무사를 비는 기도가 끊이지 않았지만 그 바람도 헛되어 아이는 살해된 시체로 발견되었다. 린드버그의 일생은 그야말로 〈천국에서 지옥으로〉의 전형적인 모델이라고 할 수 있다.

로마의 황제는 남자와도 결혼했다는데

　로마의 황제들은 너 나 할 것 없이 문란한 성생활을 즐겼다. 그러나 남자와 결혼한 황제는 없었다. 다만 공식적(?)으로는. 그러나 폭군 네로는 그 일마저 해치웠다.

　네로의 탄생은 로마 황실의 문란한 관계, 그 자체를 상징한다. 네로의 어머니 아그립피나는 이미 황후가 되기 전 결혼했다. 네로는 아그립피나의 첫 번째 결혼에서 얻은 아들이었다. 아그립피나는 그 후 황제 클라우디우스와 결혼했는데 클라우디우스는 그녀의 삼촌이었다. 삼촌과 조카 간의 결혼이었던 셈이다. 물론 로마원로원은 반대했지만 황제의 권위에 눌려 승인할 수밖에 없었다.

　클라우디우스 황제도 이 결혼이 처음은 아니었다. 그는 멧살리나라는 여인과 결혼했는데 그녀가 방자(?)하게도 황제를 두고 다른 남자와 결혼식을 올리는 등의 행각을 벌였기 때문에 그녀를 죽이고 아그립피나와 결혼한 것이다.

그런데 클라우디우스와 멧살리나의 사이에는 아들 하나와 딸 하나가 있었다. 클라우디우스 황제는 그 아들 브리타니쿠스를 왕위계승자로 삼으려 했지만 새로운 아내 아그립피나는 자신의 첫째 아들 네로를 황제로 삼고 싶어했다.

아그립피나는 이 문제를 살인으로 간단히 해결했다. 그녀는 황제의 음식에 독을 탔으며 그래도 황제가 죽지 않자 의사를 불러들여 황제의 목에 독을 직접 바르고 관장기로 장 속에도 독약을 넣는 방법으로 황제를 살해했다. 그리고 네로에게 명령해 브리타니쿠스도 죽여 버렸다. 네로의 황제등극은 이처럼 영악한 어머니 아그립피나의 모략으로 가능했다.

이렇게 해서 황제에 등극한 네로는 두 명의 아내를 차례로 맞는다. 첫 번째 아내는 어머니 아그립피나의 강요에 의해 결혼하게 된 옥타비아라는 여인인데 바로 황제 클라우디우스 전처의 딸이었다. 일종의 정략결혼이었던 셈인데 네로는 그녀를 사랑하지 않았다.

그 후 그는 포파에야라는 여성을 황후로 맞았다. 그녀는 한마디로 모든 것을 소유했지만 다만 지조만은 갖추지 않은 여성이었다. 또 한 명의 영악한(?) 여성 포파에야는 네로에게 전처 옥타비아를 살해하게 했으며 포파에야와의 결혼을 반대한 네로의 어머니 아그립피나마저 제거하게 했다. 네로는 포파에야와 결혼하기 위해 결국 자신의 어머니마저 살해한다.

그렇다면 네로는 어떻게 남자와 결혼하게 되었는가? 네로는 자신의 어머니마저 죽인 이후 점점 포악해져 갔다. 그러던 어느날 갑자기 발작을 일으켜 자신의 아들을 잉태한 포파에야의 배를 걷어참으로써 아이는 물론 아내마저 잃게 된다. 한순간의 분노가 결국 그런 사태를 만들었지만 네로는 포파에야를 사랑하고 있었다. 네로는 포파에야를 다시 소생시키고 싶다는 단 한 가지의 열망에 사로잡혔다.

이때 만난 남자가 바로 스포루스라는 젊은이인데 그는 포파에야와 너무나 닮은 얼굴을 하고 있었다. 네로는 스포루스를 여성으로 바꾸기로 했다. 그래서 스포루스의 남성을 거세했다. 그리고 신부가 쓰는 붉은 베일을 씌우고 성대한 결혼식을 치렀다.

스포루스는 황후의 복장을 하고 네로가 가는 곳은 어디나 다녔으며 대중 앞에서 공개적으로 애정어린(?) 키스를 나누었다.

　얼마 전 「M 버터플라이」라는 영화가 개봉된 적이 있었다. 여장 남자인 줄 모르고 20여 년간을 속은 채 산 한 프랑스 남자의 이야기였다. 하지만 그 영화에서는 적어도 속아서 결혼한 것이다. 그러나 네로는 남자인지 알고서도 결혼했다. 과연 희대의 폭군다운 일이다.

더욱 즐거운 지적 탐험을 위한 페이지

천연두가 지금도 있을까

천연두는 3,000여 년 동안 인류를 위협해 온 최대의 재난 가운데 하나다. 고대 이집트의 왕 람세스 5세의 미라에도 천연두를 앓아 얼굴이 얽은 자국이 남아 있다. 코르테스가 이끈 스페인의 정복자가 신대륙에 퍼뜨린 천연두는 원주민 다수의 생명을 앗아감으로써 실질적으로 잉카문명과 아즈텍문명의 붕괴를 촉진시켰다. 하지만 제너의 왁친 발견과 1967년 세계보건기구가 천연두 근절에 발벗고 나선 이래 천연두는 지상에서 완벽하게 사라져버렸다. 천연두는 인체에서만 살 수 있고 왁친은 그에 대한 면역성을 갖게 해주기 때문이다. 사람의 몸에 더 이상 살 수 없게 된 천연두 바이러스는 이제 실험실의 냉동기 안에서만 존재할 뿐이다.

매독

스피로헤타 팔리다의 감염으로 일어나는 성병의 일종. 성교, 키스 등 성적 접촉에 의해 인체에서 인체로 직접 감염된다. 태아 때에 모체에서 감염된 것을 선천성 매독이라고 한다. 서인도 제도의 풍토병이었으나 콜럼부스의 신대륙 발견으로 전 세계로 퍼졌다. 페니실린 등 항생물질로 치료한다.

벼락은 정말 한 번 떨어진 곳에는 다시 떨어지지 않는가?

벼락은 똑같은 곳에 다시 떨어지지 않는다는 속설은 참으로 오래된 것이다. 이 말은 현대판으로 포탄은 같은 곳에 두 번 떨어지지 않는다는 말과 함께 긴 생명력을 자랑한다. 그러나 사실은 한 번 떨어진 곳에 또 떨어질 가능성이 높으며 실제로 그런 일이 잦다. 그것은 대부분의 벼락이 지상보다 높은 곳에 떨어지기 때문이다. 엠파이어 스테이트 빌딩은 한 번 폭풍이 몰아치면 여러 번 벼락을 맞는다.

사형의 변천사

옛날에는 많은 사람들 앞에서 화형, 거열형(車裂形) 등 잔혹한 방법으로 행해졌으나 문화가 발달함에 따라 참살(斬殺), 총살, 교살, 전기살해 등 고통이 적은 방법으로 바뀌어 왔다. 우리나라는 사형선고 후 법무부장관의 명령으로 5일 이내에 교도소에서 교수형으로 집행된다. 현재 우리나라는 1997년 12월 30일 이후 19년째 사형집형은 이루어지지 않고 있다.

워터루 전투의 하이에나

워터루 전투가 끝난 후 유럽에서는 〈워터루 티스〉라고 하는 물건이 치과에서 크게 유행했다. 이 물건은 다름 아닌 워터루 전투에서 전사한 사람들의 시체에서 이를 뽑아낸 것이다. 전사자들의 대부분이 젊은 병사로서 건강한 이를 가지고 있었으므로 품질이 매우 높다는 평판을 받았다. 하지만 이를 뽑아낸 장사를 한 이 〈죽음의 상인〉이야말로 가장 품질이 높은 하이에나라고 할 수 있지 않을까.

빙하가 하루에 움직이는 거리는?

일반적으로 빙하는 하루에 30cm 정도씩 움직이기 때문에 눈으로는 움직임을 측정하기 어렵다. 그러나 어떤 빙하는 하루에 15m씩 움직이며, 때로는 하루에 90m씩 수십km를 단시간에 움직이는 경우도 있다.

금서의 최고봉

금서의 역사상 가장 유명한 것은 중국의 진시황이 경서와 사서를 불태운 분

서갱유일 것이다. 인쇄술이 발달한 송대 이후 단속이 한층 강화되었고 이때 금서(禁書)라는 말도 생겨났다. 하지만 가장 오래된 금서리스트를 갖고 있는 것은 아마 로마 카톨릭일 것이다. 특히 16세기에 들어 종교개혁이 일어나자 구교 측은 신사상에 대해 적극적인 금서정책을 폈다. 1546년 금서령을 공포하고 1559년 교황 바오르 4세가 금서목록을 제정하여 1564년 〈트리엔트 금서목록〉이란 이름으로 공표했다. 그 이후 증보정정을 계속했지만 1900년과 1930년에 대폭 완화하였다.

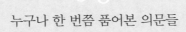

5장

누구나 한 번쯤 품어본 의문들

「최후의 만찬」 메뉴는 무엇이었을까

레오나르도 다빈치의 명화로 알려진 예수의 『최후의 만찬』 예수는 십자가에 매달리기 전날 밤 예루살렘에서 12명의 제자들과 함께 만찬을 한다. 만찬 석상에서 예수는 제자인 유다가 자기를 배반할 것이라고 예언한다. 또 자신의 살과 피를 의미하는 빵과 포도주를 제자들에게 나누어 주고 축복하면서, 자신의 죽음이 인간들을 위한 희생이라고 밝힌다. 우리는 그 그림 속에 예수, 그리고 유다의 표정에서 많은 것들을 느끼곤 한다.

그런데 이 최후의 만찬에 등장하는 메뉴는 과연 무엇이었을까. 역사가들이 조사한 바에 따르면 붉은 포도주, 거친 검은 빵, 구운 양고기가 주요 메뉴였다고 한다. 그리고 대추, 사과, 신나몬(향료의 한 가지), 헤로우세스라 불리는 소스(무화과를 넣어 만든 양고기 양념) 등이 있었다고 한다.

또 대부분의 성화에는 오렌지가 그려져 있지만 그것은 다분히 상상의 산물이었을 가능성이 크다. 그 이유는 오렌지가 당시 세계의 번화가라고도 할 수 있는 로마에서조차 널리 퍼지지 않은 과일이었기 때문이다.

　게다가 학자들은 이 만찬이 테이블을 둘러싸고 행해진 것이 아니고 사실은 당시의 관습대로 침대에 배를 깔고 엎드려서 먹었을 것이라고 주장한다. 그렇지만 이러한 구도는 그림으로 그리기에 적당치 않아 다빈치가 각색했다고 한다.

〈신사의 나라〉 영국의 의사는
어떻게 여성을 진료했을까

〈남녀칠세부동석〉이 금과옥조처럼 사회를 지배하고 있던 조선 시대에 왕비가 건강이 좋지 않으면 전의가 장막을 사이에 두고 왕비의 손목에 실을 매단 채로 진맥을 하는 모습이 곧잘 사극에 방영되곤 한다.

그러면 신사의 나라를 자처하는 영국에서는 의사들이 여성을 진료할 때 어떻게 했을까. 그들도 여성의 몸에 손을 대지 않고 진찰하는 방법이 있었을까.

19세기의 영국은 상류계급 내에 보수적인 기풍이 그 어느 시대보다 강했다. 특히 여성의 예의범절에 대해서는 가혹할 정도로 엄격했다. 그러한 시대였으므로 여성은 병원에 가서도 옷을 벗지 않았다. 비록 그것이 진찰을 위한 목적이라 할지라도 남성인 의사가 자신의 몸에 손을 대지 못하도록 하는 것은 당연한 일로 받아드려졌다고 한다.

따라서 의사들은 여성의 신체와 흡사한 인형을 사용해 〈이

곳이 아프십니까?〉하는 등의 답답한 진료를 할 수밖에 없었다.

　이 같은 방법은 중국에서도 동일하게 사용되었다. 남녀유별이 엄격했던 중국사회도 의사와의 직접적인 신체접촉을 피하기 위해 〈진찰용 여자 인형〉에 상처부위를 표시해서 그 인형을 건네주는 방법을 사용하곤 했다.

스트리킹의 원조는 누구일까

중세 유럽에서는 목욕탕에 벗어 놓은 옷들이 도둑맞는 일이 비일비재했다. 지금처럼 옷이 대량 생산되어 흔한 시대가 아니었으니, 당장 옷을 잃어버린 사람은 그날 집에 갈 일도 걱정이지만 또다시 목욕탕을 올 일도 갑갑했다. 이러한 상황에서 시민들은 어떤 대책을 세웠을까?

절대 안전한 방어법은 아예 옷을 입지 않고 목욕탕에 가는 방법이다. 기사나 부자들은 하인을 데리고 가서 그들로 하여금 지키게 하면 간단히 해결할 수 있는 문제이지만 일반 시민으로서는 그럴 엄두조차 낼 수 없었다.

그래서 〈집에서부터 발가벗고 달린다〉라고 하는 기발한 방법을 생각해 냈다. 젊은 여성도 결코 예외는 아니었다고 한다. 중세 유럽 당시의 문란한 성생활과 퇴폐적인 사회 분위기를 감안한다면 결코 불가능한 일은 아니었을 법하다.

크레믈린 광장을 왜 붉은 광장이라고 할까

모스크바에서 가장 유명한 곳은 아마 붉은 광장일 것이다. 이 장소는 중국의 천안문 광장과 마찬가지로 퍼레이드에는 빼놓을 수 없는 곳이다.

붉은 광장의 원래 이름은 크레믈린 광장이다. 이 크레믈린 은 러시아어로 〈성채〉란 뜻이다. 1156년 목책 요새로 건설되 어 15~16세기에 현재와 같은 모습을 갖추었다.

그런데 이 크레믈린 광장을 왜 붉은 광장이라고 부르는 것 일까. 보통 공산주의의 상징이 빨강이기 때문에 그렇게 부르 는 게 아닐까라고 속단하기 쉽다. 그러나 이 광장은 러시아혁 명이 일어나기 이전인 제정시대에도 있었고 그 당시에도 붉 은 광장이라는 이름이 사용되었다.

실은 러시아어로 〈붉다〉라는 말에는 〈아름답다〉란 의미가 있다. 이곳이 궁전에 둘러싸인 아름다운 광장이었기 때문에 말 그대로 〈붉은 광장〉이라고 부른 것이다.

그러면 러시아 공산당이 빨강을 상징색으로 한 이유는 무엇일까. 혹자는 혁명을 위해 많은 귀중한 피를 흘렸기 때문이라고 하는데, 빨강이 러시아인이 가장 좋아하는 색이기 때문이라는 주장이 더 진실에 가까울 듯하다.

탈삼진 왕을 왜 〈닥터 K〉라고 부를까

스포츠 신문의 1면을 가장 많이 장식하는 프로야구의 용어 가운데 〈닥터 K〉라는 말이 있다. 야구에 관심이 있는 사람이면 누구나 알고 있듯이 탈삼진 왕을 가리키는 말이다. 이 〈K〉는 야구 스코어에서 삼진을 기록할 때 쓰는 K라는 기호에서 나왔다.

야구 용어 가운데 대부분은 영문 머리글자를 따서 기호로 사용하고 있다. 홈런은 〈H〉, 플라이 아웃은 〈F〉 등이 그것이다. 그러나 영어로 삼진을 일컫는 말은 〈three strike〉라든가 혹은 〈strike out〉 등인데 그 어디에도 머리글자가 K인 것은 없다. 그러면 이 〈K〉는 도대체 어디에서 생겨난 것일까. 권투에서 쓰는 〈KO(knock out)〉라는 표현을 빌어온 것일까.

최초로 야구 룰에 대한 책을 쓴 것은 헨리 체드윅이란 사람이다. 그는 1860년 룰북(rule book)에서 통계와 룰을 정리하면서 바로 이 삼진에 대한 K란 기호를 썼다. 그는 투구한 볼

이 스트라이크였을 때 〈STRUCK〉이라고 기입했는데 삼진은 그 최후의 문자를 취해 K라고 기입했다. 왜 마지막 문자를 취했는가는 알 길이 없지만 어쨌든 그 관습이 지금까지 전해 내려오고 있다.

왜 테니스에서는 1포인트가 15점이 되는 걸까

테니스의 점수계산만큼 불가사의한 것도 드물다. 0점은 러브라고 하고 1포인트를 올리면 15, 2포인트면 30, 3포인트면 40, 그리고 한 포인트를 더 따면 게임이 끝난다. 점수가 올라가는데 규칙성이 없고 점수 자체도 꽤 고득점이다. 게다가 러브라는 표현도 우습다. 처음 접하는 사람들은 이상하게 생각하게 되고 익숙한 사람들은 으레 그런 것이려니 하고 넘기기 쉽다.

이 수수께끼를 해명하기 위해선 테니스의 역사를 알지 않으면 안 된다. 테니스의 기원은 약 5천 년 전 이집트에서 행해졌던 〈티니스〉라고 하는 게임에서 발달했다고 하는 이집트 기원설과 고대 그리스의 구기가 그 원형이라고 하는 설을 비롯해 로마제국설, 동로마제국설, 페르시아설 등 여러 가지가 있고 지금도 이론이 분분하다.

하지만 테니스라고 하는 모습을 어느 정도 갖추었다고 평가

되는 것은 12세기 중반 이후 북프랑스에서 고안된 〈쥬 드 폼〉이란 게임이다. 이것은 손바닥으로 공을 치는 원시적인 게임으로 수도원 등에서 행해졌다. 바로 이 게임과 15를 1포인트로 하는 득점형식이 큰 관련을 맺고 있다.

당시 수도원에서는 15분마다 종을 울렸다. 아침 기도부터 시작해서 청소, 독서, 식사 등 모든 일상생활을 15분을 하나의 단위로 했다. 이 관습이 게임 득점방식에도 그대로 응용되어 1시간, 즉 60분을 한 단위로 해 4포인트제가 된 것이다.

하지만 이 설명도 테니스의 기원에 대한 하나의 주장에 불과하고 그 외 다른 설도 많이 있다. 예를 들어 시계의 문자판에서 생겨났다는 얘기가 있다. 당시 유럽에서는 60진법이 사용되고 있었다. 1시간이 60분이 된 것도 이 영향이다. 이것을 4로 나누면 15분이 된다. 영어에서는 15를 쿼터라고 불러 60을 4로 나누는 것은 매듭이 좋은 계산법이라고 생각한다. 이 때문에 15씩 카운트하게 된 것이다. 실제로 시계의 문자판을 이용해 득점을 표시하는 시대가 있었기 때문에 이 설도 유력하다.

똑같은 60진법의 영향이긴 하지만 화폐에 그 유래가 있다는 주장도 있다. 스포츠에는 항상 도박이 따라다닌다. 테니스가 대중화됨에 따라 사람들은 예외없이 도박의 대상으로 삼아 버렸다. 14세기경 프랑스의 화폐단위는 〈수〉로 60수가 기본이었다. 이 60수의 1/4, 즉 15수짜리 화폐로 〈두니에〉 동전이라는 것이 있었다. 이것은 일반적으로 유통된 최초의 경화다. 이 두니에 동전을 1포인트 때마다 걸어 먼저 60수에 이르는 쪽이 이기는 것으로 했기 때문에 15를 단위로 하는 점수방식이 생겨났다는 주장이다.

어떤 설이 정확한가는 확실하지 않지만 모든 설이 15씩 점수를 매긴다는 점에서는 차이가 없다. 그렇다면 3포인트째는 왜 45가 아니고 40일까. 여기에도 여러 설이 있다.

가장 일반적인 것은 (포티 파이브)는 부르기 어렵기 때문에 뒷부분은 생략했다는 주장이다. 그렇지 않고 처음부터 40이었다고 주장하는 사람들도 많다.

여기에는 기독교의 성서에서 나왔다는 설과 심판의 절묘한 아이디어였다는 설이 있다. 예컨대 노아의 홍수가 40일, 예수와 모세가 황야에서 수련을 쌓은 것도 40일로 40일이라는 언급이 곳곳에서 나온다. 따라서 기독교 신자들 사이에는 40은 흑이냐 백이냐를 결정하는 숫자로서 인식되어 있다. 그래서 40을 잘 해결하지 못하면 듀스로 넘어가고 만다.

심판의 아이디어라는 주장도 재미있다. 테니스의 득점은 시계의 문자판을 이용해 표시한 적이 있다. 그런데 문자판에서 3포인트째를 45로 하면 듀스가 되었을 때 더 이상 표시할 수가 없었다. 거기에서 30까지는 그대로 바늘을 움직이고 뒤의 30은 삼등분해서 40, 50, 60으로 했다. 듀스에서는 시계의 긴 바늘과 짧은 바늘을 40에 겹쳐 놓고 50으로 어드벤티지,

60으로 게임오버를 표시했다. 만약 다시 듀스가 되면 40으로 되돌아온다. 확실히 기발한 아이디어다.

그러면 처음의 포인트 0을 〈러브〉라고 부르는 것에 대해 알아보자. 먼저 상대방에 대한 배려라는 설이다. 포인트를 올리지 못한 상대방의 기분을 감안해서 우아하게 러브라고 불렀다는 사실이다. 꽤나 매력적인 주장이지만 이것은 완전히 속설에 불과하다. 오늘날 유력한 설로 2가지가 있다. 하나는 프랑스어로 계란을 뜻하는 〈loeuf(레프)〉가 변화된 것이라는 설이다. 0의 형태가 계란과 비슷하기 때문에 프랑스에서는 레프라고 불리었던 것이 영국에 전해질 때 영어에 익숙해 있던 사람들에게는 발음하기가 어려웠다. 그래서 레프와 비교적 발음이 가까운 러브로 말을 바꾸었다고 한다.

이와 비슷한 설이 2번째 설이다. 스코틀랜드어로 0을 표시하는 〈라프〉가 변화해서 생겼다는 주장이다. 원래 영어로 러브란 말은 낫싱(nothing)과 똑같은 의미를 갖고 있기 때문이다. 실제로 영어에서 〈Play for love〉라고 하면 〈돈 생각하지 말고 합시다〉라는 의미다. 여기서 러브가 낫싱의 의미로 쓰여지고 있음을 쉽게 알 수 있다.

백발삼천장이라는 말은 어디서 나왔을까

마음의 고통이 지나쳐서 백발이 길게 자라났다는 모습을 과장한 말이 바로 백발삼천장(白髮三千丈)이다. 이 말의 출전은 중국 당나라 때의 시인 이백의 유명한 〈백발삼천장, 수심은 깊어가고〉라는 시구다. 장은 길이의 단위로서 10척인데 약 3m 가량이다. 결국 머리카락이 9,000m라는 이야기인데, 원래 과장된 표현을 좋아하는 중국에는 이런 표현이 많이 있다.

불교에는 삼천세계(三千世界)란 말이 있어 넓은 세계를 가리킨다. 그리고 우주는 이 삼천세계가 무수히 모여 존재한다는 것이다. 이처럼 삼천이란 말은 넓다라는 표현에 자주 쓰인다.

〈무궁화 삼천리 화려강산〉이라는 말도 단순히 길이를 그대로 표현했다기보다 넓다라는 뜻을 표현한 것이라고 이해하는 것이 적절하다.

물론 삼천장이 과장이긴 하지만 실제로 사람의 머리카락은 어느 정도까지 자라날 수 있을까. 전문가들의 연구에 따르면 여성의 머리카락은 한 달에 약 1cm 자라는데, 그 수명은 4~6년이라고 한다. 이 수치를 토대로 계산해보면 아무리 길어도 72cm에서 멈춘다는 사실을 알 수 있다. 물론 사람에 따라 머리카락의 성장속도와 수명의 차이가 있을 수 있기 때문에 훨씬 더 긴 머리카락을 가진 사람도 당연히 있다.

기네스북의 기록은 세계에서 가장 긴 머리카락으로 여자가 2.4m, 남자가 7.9m라고 하는데 정말 불가사의한 일이 아닐 수 없다.

그런데 여자의 머리카락으로 코끼리도 끌 수 있다는 말이 있는데 사실일까? 이것은 과학적으로는 맞는 이야기다. 건강한 머리카락을 끌어당겨서 뽑으려면 하나당 150g의 힘이 필요하다. 100개만 모여도 15kg의 힘을 견딜 수 있다. 사람의 머리는 약 10만 개 정도의 머리카락이 있기 때문에 15톤의 물체를 끌어당길 수도 있다는 계산이 나온다.

번뇌의 수는 왜 108개일까

108 번뇌. 번뇌란 인간완성의 이상인 〈깨달음〉을 얻는데 방해되는 망념, 즉 사람의 마음을 혼란시키고 망상을 불러일으키는 것을 가리킨다. 우리가 흔히 쓰는 불교용어지만 실상 왜 108개인지를 알고 있는 사람은 드물다. 여기에는 3가지 설이 있다.

우선 번뇌가 1년 내내 사람을 괴롭히고 있다는 생각에서 출발했다는 것이 첫 번째 설이다. 1년은 12개월인데, 24절기와 72후(候)로 나뉘어진다. 그 합계가 (12+24+72)가 108이라는 설이다.

또 다른 설로는 번뇌는 사람의 감각을 담당하는 육근(六根), 즉 눈(眼), 귀(耳), 코(鼻), 혀(舌), 몸(身), 생각(意)이 여러 상태로 나타나는 상념이라는 설이다. 또 육근은 좋다(好), 나쁘다(惡), 평등하다(平)라는 3개의 다른 상태로 나누어진다. 그리고 이 상태는 다시 깨끗함(淨)과 더러움(染)으로 나누어져 현재와 과거, 미래에 존재한다고 일컬어진다. 결국 그 합계(6×

3×2×3)가 108이라고 하는 것이 두 번째 설이다.

또 하나의 설은 육근이 육진(六塵), 즉 색깔(色), 소리(聲), 향기(香), 맛(味), 촉감(觸), 법(法)에 접촉할 때 번뇌가 생기는데 육진에는 〈좋다, 나쁘다, 평등하다〉의 세 상타와 〈즐겁고(樂) 고통스럽고(苦) 고통도 즐거움도 아닌(捨)〉의 세 가지로, 결국 6가지 상태로 나누어진다. 그것이 과거, 현재, 미래에 걸쳐 있기 때문에 그 합계(6×6×3)가 108이라는 것이다.

그 기원이 무엇이든 세상을 살아가면서 108 번뇌를 한꺼번에 씻어낸다는 것은 매우 어려운 일이라는 것을 상징한다.

천수관음은 진짜로 손이 천 개일까

불교에서 보살이란 성불하기 위하여 수행에 힘쓰는 사람을 총칭한다. 소승불교에서는 부처님은 오로지 석가모니불과 미래에 도달할 미륵불만을 설정하고 있다. 하지만 대승불교에서는 지장보살과 같이 중생 전체의 제도를 위하여 영영 성불하기를 원치 않는 보살까지 등장하게 된다.

이 가운데 관음보살은 관세음보살, 관자재보살이라고도 하는데, 그 이름을 외면서 구원을 구하면 곧 자비로서 사람들의 고뇌를 없애고 구원해 준다고 한다. 즉 대자대비를 근본으로 하는 보살로 구원을 구하는 사람에 따라 여러 형상으로 변모해 도와준다고 한다. 이를 보문시현(普門示現)이라 하는데 여기에는 33개의 변신이 있다.

천 개의 손을 가지고 있다는 천수천안관음(千手千眼觀音), 중생의 고통을 두루 살펴볼 수 있도록 얼굴이 11개나 있는 자비의 상징인 십일면관음 등이 그것이다. 이외에도 여의륜(如

意輪), 준제(準提), 마두(馬頭) 등이 있다.

많은 손을 가지고 있고, 각각 그 손바닥에 눈이 그려져 있으며 여러 가지 도구를 지니고 있는 관음상이 천수관음이다. 천수관음은 관음보살이 세상에서 모든 중생을 구제하기 위해 천의 손과 눈을 얻으려고 간곡히 청한 결과 이루어진 몸이라고 한다.

그런데 이 관음상을 자세히 살펴보면 천수관음이라고 하면서도 실제로는 합장하고 있는 양손을 빼면 몸의 좌우에 합계 40개의 손이 있을 뿐이다. 왜 그런 것일까. 천 개의 손을 묘사하기에는 장인의 실력이 모자라서일까. 아니면 원래 천수관음이란 말 자체가 실제보다 과장된 말일까.

그 이유는 하나의 손으로 25명의 중생들을 구하는 것이 가능하다고 믿었기 때문이다. 결국 40개만 되어도 충분히 1,000개의 손의 일을 할 수 있다고 보았다.

실제로 1,000개의 손이 있었다면 이를 그림으로 표현하는 장인으로서는 거의 불가능한 고역을 치러야만 했다. 그것도 매력적인 관음상이 아니라 천 개의 손이 가시처럼 가늘어 이상한 형상을 가진 관음상일 테니 지금처럼 자비의 관음으로 숭앙받기는 힘들었을지도 모르겠다.

얼음밖에 없는 땅을 왜 그린란드라고 했을까

　북아메리카 대륙의 북동쪽에 위치한 세계 최대의 섬, 그린
란드가 발견된 것은 983년의 일이다. 노르만족의 족장인 〈붉
은 머리 에릭〉이란 인물의 공적이다.

　붉은 머리 에릭은 그린란드를 발견하기 이전에 아이슬란드
를 발견했다. 그때 섬을 눈에 보이는 대로 이름을 지은 것이
〈얼음의 섬〉이란 뜻의 아이슬란드였다. 그렇지만 그것은 그
에게 있어 하나의 쓰라린 경험이었다.

　왜냐하면 〈얼음의 섬〉이라고 이름 붙은 불모지에는 아무도
들어와 살지 않으려 했기 때문이다. 우리식으로 표현하자면
작명을 잘못한 꼴이다. 그것은 아이슬란드의 발견자로선 유
감천만의 일이었다.

　이런 이유로 인해 그는 그린란드를 발견했을 때 눈과 얼음
의 섬임에도 불구하고 〈녹색의 섬〉이란 뜻의 그린란드(gre-
enland)라 불렀다.

그런데 원래 그린란드는 섬 전체의 85%가 빙하로 덮여 있다. 내륙 쪽으로 갈수록 빙하가 높아져 최고점은 3,000m를 넘는다. 월평균기온도 내륙이 영하 50도에서 영하 14도를 오르내리는 극한지대다.

따라서 그린란드란 이름은 사실과는 전혀 다른, 일종의 사기라고 할 수 있다. 그러나 녹색의 섬이란 명칭이 효과가 있었는지 15세기까지는 이주자들이 상당수 있었다고 한다.

그린란드가 본격적으로 세계사 속에 들어온 것은 1721년 고트호프(그린란드의 서남부에 있는 항구도시)에 처음으로 식민지가 만들어졌을 때다. 현재는 북극권을 경유하는 항공로 및 미군 전략요충기지가 있다. 덴마크령인 그린란드의 인구는 약 5만 명이다. 에스키모 외에 북구계통의 유럽인도 살고 있다. 아마 에릭이 지은 이 이름 때문에 이주하게 된 사람들의 후예일 것이다. 참으로 이름은 사람들의 생각을 규정짓는데 중요한 역할을 하는 듯하다.

아담과 이브가 먹은 열매는 과연 사과일까

최초의 인간 아담과 이브가 사악한 뱀의 유혹에 빠져 금단의 열매를 먹어버림으로써 세계관이 돌변했다고 성서는 전하고 있다. 그들은 완전 나체로 있는 것에 대해 아무렇지 않게 생각했다가 갑자기 수치심을 느끼고 옆에 있던 무화과나무 잎사귀로 그들의 중요한 부분을 가렸다. 어린 아이들이 갑자기 남성과 여성으로서의 자신을 자각하게 되는 이 변화의 원인이 되는 금단의 열매는 과연 무엇일까.

〈사과〉라고 대답하는 것은 상식이다. 하지만 성서에는 사과라는 말은 단 한 줄도 쓰여 있지 않다. 금단의 열매가 언제부터인가 사과로 인식된 것은 종교화가들이 보기 좋게 하기 위해 이 장면에 삽입한 탓이다.

그러나 금단의 열매를 먹자마자 곧 무화과 잎사귀로 몸을 가렸다는 점을 생각해본다면 금단의 열매가 무화과라고 추정하는 것이 순서일 것이다. 실제로 무화과나무의 잎은 서양에

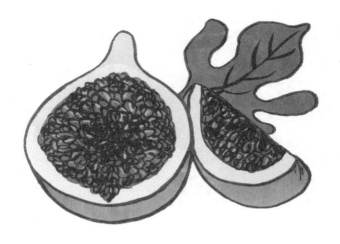

서 정욕과 성을 의미한다. 기원전 서아시아에 무화과가 넓은
지역에 걸쳐 존재했다는 것은 틀림없는 사실이다.

　에덴동산은 유프라테스강의 가장 오래된 도시 울에서
20km쯤 떨어진 곳에 있었을 것이라고 전문가들은 말한다.
아담이라고 하는 이름은 헤브라이어로 〈땅〉을 의미하는 〈마
다마〉로부터 바뀐 것인데 이것은 신이 아담을 흙으로 만들었
다는 것과 일치한다. 아담의 갈비뼈 하나로 만들었다는 이브
의 이름은 헤브라이어로 〈생물〉을 의미하는 〈하이〉라는 말에
서 유래했다고 한다.

왜 그토록 많은 사람들이
13이란 숫자를 싫어할까

13이란 숫자를 불행의 표시라고 생각하는 것은 최후의 만찬 자리에 13인의 사도가 있었기 때문이라는 이야기가 사람들 사이에 널리 퍼져 있다. 그렇지만 이것만으로 13이란 숫자가 그렇게 많은 사람들의 의식 속에 뿌리박혀 있다는 것을 설명하는 데 부족한 것이 아닐까?

바로 옆에 있는 12란 숫자가 어떤 역할을 하는지에 대해 알아보는 것이 그 해답의 열쇠다. 시계의 시간 수를 헤아려보거나 달력의 달 수를 세어보라.

헤라클라스의 노역도 12번, 올림포스 산정에 사는 신도 12신이다. 이스라엘 부족도 12부족이다. 예수의 사도도 12제자다. 그리고 유다는 최후의 만찬에서 기분 나쁜 13번째 손님이었다. 이처럼 12라는 숫자는 서구의 문화와 의식 속에서 가장 완벽한 숫자로서 받아들여지고 있다.

이처럼 완벽한 12라는 숫자에 1을 더하면 완벽한 상태가 파괴된다는 믿음이 자리 잡게 되었다.

또한 12는 수의 세계 자체에서도 뛰어난 위치를 점하고 있다. 1, 2, 3, 4로 나눠지고 5를 곱하면 60이 된다. 이 60도 자주 등장하는 숫자로 분과 초를 가리키는 데 사용된다. 게다가 12라는 수는 주사위 놀이와 계란 꾸러미에도 얼굴을 내민다.

그에 비해 금기시되고 있는 13이란 숫자는 어디에도 별로 사용하기 쉽지 않은 피곤한 숫자다. 작은 소수(素數; 자신과 1 이외의 약수를 가지지 않은 수) 가운데서도 13은 외톨이 같은 존재다. 2의 공평함, 3의 구조상의 완성도, 5의 안정감, 7의 상쾌함, 11의 대칭성 있는 아름다움도 없다. 아무리 좋게 보려 해도 좋은 면이 없다. 이처럼 숫자 자체의 결함(?)도 〈13=불행〉이란 신화를 낳는 가장 큰 요인 가운데 하나다.

지도에는 왜 항상 북쪽이 위로 올까

　우리 머리 속에 지구의 지도를 상상해보자. 언제나 북쪽이 위에 있는 모습이다. 우리는 이것을 단순히 지도상의 그림일 뿐만 아니라 실제로도 그런 형태를 갖고 있는 것으로 흔히 생각한다. 지구는 지구의와 동일한 모습 그대로 태양의 주위를 돈다. 하지만 지구에는 본래 위아래가 없다. 동, 서, 남, 북 그 어느 쪽을 위에 놓고 그려도 지도는 정확하다. 어떤 것이 낫다고 이야기할 수 없는 성질의 것이다.

　과학 교과서 그림을 보면 지구는 태양주변을 시계 반대방향으로 돌고 있다. 그러나 거꾸로 시계방향으로 돌아가고 있다고 생각해도, 즉 상하를 뒤바꿔놓고 본 그림을 그린다 해도 틀린 것이 아니다. 또한 태양계 모형도에서도 행성의 궤도를 수평에 평면으로 그리고 있는데 그것 역시 우리의 머리가 혼란스럽지 않도록 하기 위한 방편에 불과하다.

　가까운 도서관의 지리학 코너를 열심히 조사해 북쪽의 비밀

을 탐구해보자. 먼저 몇 가지 예비지식이 필요하다. 에라토스
테네스(기원전 276~194년)는 이집트의 알렉산드리아에서 주
임도서관원으로 근무하면서 세계 지도를 작성할 때 북을 위
로 했다. 왜 에라토스테네스가 그렇게 했는가 이유는 분명치
않다.

그 후 기독교의 등장으로 종교적 사상이 반영된 세계 지도
가 작성되기에 이른다. 이 지도는 낙원(파라다이스)을 가장 위
에 올려놓고 있다. 다만 이 낙원은 이미 알려져 있던 지구상
의 육지와 일정한 관련을 갖고 있다. 즉 여기에 등장하는 낙
원은 신비와 수수께끼로 가득한 동양이었다. 그러므로 동양
이 위, 예루살렘이 한가운데, 아프리카가 오른쪽, 유럽은 왼
쪽에 배치되어 있다. 덧붙여 지중해는 아래위로 걸쳐 있었다.

1300년경 항해술의 등장과 함께 항해 안내를 위한 해도(海圖)라 부르는 지도가 출현했다. 여기에는 다시 북쪽이 위로 그려졌다 .역사책들은 이 이유를 이탈리아에서의 자석의 발견을 거론하고 있다. 우리는 자석이 북쪽을 가리킨다고 배웠다. 그러나 이것은 적절한 설명은 아니다. 왜냐하면 지침이 지구의 자장에 근거해 방향을 결정할 때 그 바늘은 북과 동시에 남도 가리키기 때문이다. 그렇다면 왜 남쪽이 위가 되지 않았을까?

　　왜냐하면 신대륙 발견 시대에 지도작성자들은 북반구에 살고 있던 사람들이기 때문이다. 그들은 자신들이 지구상의 어디에 있는지 알고 있었다. 나아가 이 북쪽에 대한 편향성은 북극성의 존재에 의해 더욱 심화되었다. 다른 별들은 모두 시간과 함께 하늘에 원을 그리며 움직이는 데 비해 이 북극성은 북극 상공의 한 점에 사실상 고정되어 있었다. 결국 왼쪽 오른쪽도 알 수 없는 망망대해에서 북극성은 가장 좋은 표지판이었던 셈이다. 이러한 역사적 배경 속에서 우리들은 북쪽이 위라는 관념을 갖게 된 것이다.

캥거루가 〈모른다〉라는 의미라는데 정말일까

캥거루는 오스트레일리아 대륙 고유의 동물이다. 영국인이 캥거루를 처음 접하게 된 것은 쿠크 선장의 1770년 오스트레일리아 탐험 때였다. 이때의 상황을 묘사한 유명한 일화가 있다.

캥거루는 새끼를 배에 있는 아기주머니에 넣고 뒷발로만 껑충껑충 뛰어다니는 진기한 동물이다. 실제로 오스트레일리아의 한 붉은 캥거루는 1951년 12.6m를 뛰어 동물 신기록을 세웠다.

쿠크 선장은 캥거루의 이처럼 신기한 모습을 보고 〈이 동물을 무엇이라고 부르는가?〉라고 원주민에게 물었다. 그러자 원주민은 〈캥거루〉라고 답했다. 이때부터 쿠크 선장 이하 영국 탐험대는 모두 그 동물을 캥거루라고 불렀고 그 이후 세계적으로도 캥거루라는 이름으로 통용되었다. 그런데 그 뒤에 조사해보니 〈캥거루〉란 원주민의 말로 〈모른다〉라는 의미였다고 한다. 이상이 캥거루라는 이름의 유래와 관련해 세계적으로도 널리 알려진 재미있는 이야기의 전모다.

그런데 이것은 사실과는 많이 다르다. 자세히 조사해보면 오스트레일리아 어느 종족 언어에도 〈캥거루〉라는 말에 〈모른다〉라는 의미를 가진 것은 없다고 한다. 결국 쿠크 선장이 오기 전에도 그 동물의 이름은 원주민들에 의해 캥거루라고 불렸다는 것이다.

왜 이런 이야기가 만들어졌는지에 대해서는 확실한 이유가 알려지지 않고 있다. 다만 선원 가운데 누군가가 쿠크 선장의 어리석음을 풍자하기 위해 만들어냈다고 한다.

남녀의 기호는 어디에서 나온 것일까

지금은 누구나 알고 있는 남녀의 기호인 ♂ ♀은 어떻게 생겨난 것일까. 그 기회는 원래 점성술, 즉 별점에서 처음으로 사용되었다. 물론 처음부터 이것이 남녀를 상징하는 기호로 사용되었던 것은 아니다. 태양의 주위를 도는 별을 표시하는 기호로서 ♂가 만들어진 것이다.

한편 금성은 미의 여신 아프로디테, 즉 비너스이다. 아프로

디테는 손에 거울을 들고 자신의 모습을 바라보고 있다. 이 손거울이 우라는 표시로 변한 것이다.

이 기호가 오늘날과 같은 남녀를 상징하는 기호로 처음 사용된 것은 1753년 스웨덴의 물리학자 린네에 의해서이다.

파라오의 저주는 저널리스트의 대사기극

　이집트 피라미드의 미라에게는 과연 죽음의 저주가 숨어 있을까. 여름이 오면 납량특집으로 등장하는 공포물 시리즈에는 이 파라오의 저주가 단골손님처럼 등장한다. 이것도 구체적인 날짜와 인물까지 거론하면서 꾸며낸 기사가 아님을 강조한다. 이 말이 사실일까. 사실이면 어디까지가 과연 사실일까.

　1922년 11월 26일 아마추어 고고학자 하워드 카터는 15년에 걸친 조사 끝에 테베에서 거의 하나도 파손되지 않은 〈황금의 파라오〉 투탕카멘의 묘를 발견했다. 전문가들은 일찍이 테베의 〈왕릉의 골짜기〉라 불리는 유적지에서 아메노피스 1세, 왕비 하체프스트, 그리고 아메노피스 4세의 묘를 발굴했기 때문에 그곳은 더 이상의 발굴 여지가 없다고 생각했다. 설령 있다 할지라도 오랜 세월 동안 도굴꾼들에 의해 폐허가 되었으리라는 것이 일반적 견해였기 때문에 이 발견은 대단한 화제를 불러일으켰다.

투탄카멘 묘의 발견과 그 묘에서 나온 엄청난 가치의 유적은 고고학상 기념비적인 사건이었다. 그 이후 오랜 세월에 걸쳐 저널리스트를 비롯한 많은 사람들은 이 발굴에 관련된 어떤 사건이 일어나도, 즉 발굴품의 내용이나 발굴자의 운명을 둘러싼 아무리 사소한 정보가 전달돼도 그것을 소재로 발굴 경위 전체를 앞 다투어 써내려가는 소동을 일으키곤 했다. 워낙 대사건이었으므로 이런 소동이 그리 불가사의한 것만은 아니다.

그러나 그러한 상황이 오늘날까지 계속되어 온 것은 발굴품의 중요성 때문이라기보다는 오히려 파라오의 주문이라고 하는 전설 탓이다. 이 전설은 투탄카멘의 영원한 안식을 방해하는 모든 사람에게 죽음의 저주가 내릴 것이라는 내용이다.

이 전설은-때때로 반박되고 있음에도 불구하고-아직까지 생명력을 잃지 않고 있다. 하지만 이것이 계속 이야기되는 것은 묘 또는 투탄카멘의 미라와 관련되었던 사람, 즉 지금도 관련되어 있는 사람, 혹은 앞으로 관련된 사람 모두가 영원히 사는 것이 아니라 언젠가는 죽어야 할 보편적인 운명에 의해 지배되기 때문이며 그 외의 이유는 없다.

묘에 들어가 유물을 가지고 나온 사람들. 미라를 만지고, 여기에 뢴트겐을 비추기도 하고 붙어 있는 세균을 제거하고 미라를 보수한 학자들, 더 나아가 세계의 많은 박물관에 전시되어 있는 이 유명한 황금마스크와 접촉한 많은 사람들, 이 사람들 가운데 누군가 한 사람이 죽으면 어떤 전설이 덧붙여져 이야깃거리가 되었다. 이런 전설에 사로잡힌 사람들에게는 죽은 자의 수가 언제나 증가해 가고 있다는 단 하나의 사실만으로도 그 저주의 존재와 효력에 대한 두려움을 가지게 된다.

그러나 죽음 자체보다는 어떻게 죽었는가 하는 문제에 달려 있다. 저주를 받은 사람은 불가사의한 죽음 혹은 갑작스런 죽음, 미지의 병, 돌연한 사고, 자살, 더 나아가 타살에 의한 급사 등을 당한다는 것이다. 그러나 이런 얘기는 검토를 통해 극히 자연스런 죽음이었다는 것이 증명되는 적도 많았다.

저주의 전설은 1923년 카나본경의 죽음으로 처음 생겨났다. 카나본경은 카터와 함께 발굴 전기간 동안 공동으로 작업을 했고 자금 일체를 지원한 인물이다. 그는 가장 먼저 묘에 들어갔는데 모기에게 물린 뒤 염증이 생겨 57세에 패혈증으로 사망했다.

이 죽음 때문에 처음으로 파라오의 주문이 화제가 되었는데 그 저주의 내용은 어떤 신문기사가 시발점이 되었다. 즉 무덤 제2실의 문에 이집트 상형문자인 히에로글리프(象形文字)로 〈이 성스러운 묘소에 발을 딛는 자는 죽음의 날개에 피격될 것이다〉라고 적혀 있었다는 내용이다. 다른 신문에서도 비슷한 내용이 있다. 카터가 묘소 입구에서 돌을 주웠는데 이 돌에 〈나의 이름, 나의 모습을 건드린 자는 파멸의 운명에 빠지리라〉는 비문이 새겨져 있었다고 한다.

이후 기사와 유사한 내용으로 〈파라오의 저주〉가 파라오의 묘에 적혀 있다는 등의 소문이 만들어졌고 이것은 그럴싸하게 퍼져 나갔다. 많은 전문가들도 이 기사와 소문에 의거해 주문의 힘이 어떻게 발휘되었는가를 연구하곤 했다. 하지만 문제는 그런 저주의 말이 실제로 파라오의 무덤에 존재하는가 아닌가였다. 그러나 많은 전문가들은 그 진위를 확인하지도 않고 신문기사를 기정사실로 전제하고 거창한 연구를 거듭했다.

하지만 실제로 기사나 소문에 등장한 〈파라오의 저주〉는 무덤의 문에서 결코 발견된 바가 없다. 무덤 안과 밖의 그 어느 장소에도 발견된 유물의 어떤 것에도 비슷한 내용조차 새겨져 있지 않다. 카터의 3권에 이르는 저작 가운데도 주문에 대해서는 단 한마디도 나와 있지 않다. 본인도 그러한 사실이 전혀 없음을 인터뷰를 통해서 밝히기도 했다.

카터가 파라오의 주문을 발견했다는 주장이 책으로 출판되어 베스트셀러가 되기도 했다. 그러나 이 책은 누구에게서 그러한 정보를 얻었는지 기록되어 있지 않다. 이 책에 대한 반론이 제기된 후에 다시 쓴 것에서도 저자는 변함없이 파라오의 주문에 대해 적고 있지만 역시 정보의 출처에 대해서 입을 다물고 있다. 결국 〈파라오의 주문〉은 대중들의 호기심을 불러모으기 위한 황색저널리즘이 만들어 낸 유령에 불과하다.

육상 트랙과 야구장은 왜 좌회전일까

옛날부터 성스러운 장소에서는 좌회전이 원칙이었다. 예를 들어 서아프리카의 한 부족은 60년에 한 번 축제를 여는 데 이때 사람들은 커다란 원을 그리며 왼쪽으로 돌면서 격렬하게 춤을 춘다고 한다.

또한 세계 대부분의 고전적인 회전 무용도 거의가 왼발을 축으로 좌회전을 하는 경우가 많다. 특히 종교적인 의식이 여기에 포함될 경우 좌회전은 공식과도 같은 것이라고 한다. 왜 이처럼 좌회전이 존중되고 있는 것일까.

심리학자 융에 따르면 좌회전은 무의식적이고 성스러운 동작이며 우회전은 의식적인 운동이라고 한다. 실제로 스포츠, 무용, 연극 등에서는 왼발이 주요 축이 되고 오른발이 여러 가지를 표현하는 역할을 담당하는 경우가 많다.

갈릴레오는 『천문대화』 속에서 동물의 모든 운동은 관절을 중심으로 한 원운동의 복합에 지니지 않는다고 말하고 있다.

또 일반적으로 왼발이 접지면적이 크고 접지시간도 길며, 걸음을 걸을 때도 왼발을 목표에 정확하게 향하게 하려는 심리가 있다고 했다. 따라서 왼발을 축으로 해서 왼쪽으로 회전하는 것이 인체의 자연스러운 움직임이라는 것이다.

사람들이 미로에 빠졌을 경우에도 왼쪽 길로 가는 경우가 많다. 또 목표지점도 없는 사막에 놓였을 경우 스스로는 직진하고 있다고 생각해도 차츰차츰 왼쪽으로 걸어가는 사람들이 통계적으로도 많다고 한다.

결국 좌회전은 사람들의 내면에 뿌리 깊게 존재하는 무의식이라는 측면과 인체공학 측면에서 모두 나름대로 근거를 가지고 있는 것이라고 할 수 있다.

물론 좌회전이 상징하는 의미와 왼쪽, 오른쪽이 상징하는 의미는 엄연히 구별된다. 그런데 본래 동양과 서양은 좌우에 대해 서로 상반된 상징체계를 갖고 있다.

서양에서 왼쪽은 사물의 불길함, 어둠, 내향적인 측면 등을 가리킨다. 최후의 심판 때 어린 양들은 신의 오른쪽에 있고 염소는 왼쪽에 서 있다. 십자가에 못 박힌 예수를 나타내는 장면에서 선한 도둑은 예수의 오른쪽에 있고 악한 도둑은 왼쪽에 있다. 또 교회는 오른쪽, 유대교의 예배당은 왼쪽에 그려진다.

하지만 중국에서는 반대로 왼쪽은 약함과 음이며, 명예로운 쪽이다.(『노자 31장』) 그래서 오른쪽은 양과 강함을 나타내고 폭력적인 경향이 있어서 자멸하게 되는 쪽이라고 한다.

농구의 등번호는 왜 4부터 시작할까

농구시합을 잘 보면 1에서 3번까지 등번호를 붙인 선수가 없다는 사실을 발견할 수 있다. 왜 농구선수들의 등번호는 4번부터 시작하는 것일까?

농구코트에는 10명의 선수와 함께 바쁘게 달리는 심판이 있다. 농구만큼 심판이 바쁘게 움직이는 스포츠 경기는 별로 찾아볼 수가 없다. 야구나 배구의 심판이 한 자리에 가만히 있으면서 경기를 진행하는 것과는 달리 농구 심판은 전 코트를 한시도 쉬지 못하고 뛰어다녀야 한다. 신체적 접촉도 많고 좁은 코트에서 공격과 수비를 번갈아 가며 진행하기 때문에 축구처럼 멀리서 지켜보면서 서서히 다닐 수도 없다.

게다가 농구만큼 휘슬이 많이 울리는 스포츠도 없다. 보통한 경기당 40개가 넘는 파울이 발생하고 득점수도 다른 구기종목에 비해 훨씬 많기 때문에 심판의 역할이 게임진행에 결정적인 영향을 미친다. 이렇게 규칙이 복잡하고 스피디하게 경기가 진행되기 때문에 농구는 심판의 수신호가 매우 발달해 있다.

심판은 만약 선수가 슛을 해 골인이 되면 2점이라고 하는 표시로 손가락 두 개를 쳐들고 흔든다. 혹은 파울이 발생하면 주먹을, 프리드로우를 인정할 때는 손가락 두 개를 들어 표시한다. 3점 슛 지역에서 슛 동작에 수비 측이 파울을 하면 손가락 3개를 들어 프리드로우가 3개임을 나타낸다.

그렇지만 이 제스처 전에 선수의 등 번호를 표시하지 않으면 안 된다. 이것은 선수에게 알려줌과 동시에 기록원에게도 확실하게 알리기 위한 방법이다. 그런데 등 번호가 1, 2, 3인 선수가 있을 경우 심판의 사인이 자주 중복될 수가 있고 기록원이 실수하기도 쉽다. 득점수도 많고 5파울제 등이 있어, 시합 도중에도 각 팀 기록원과 공식 기록원이 각자 기록하고 있는 내용이 틀리다고 항의하거나 대조하는 광경도 심심찮게 볼 수 있다. 그래서 가급적이면 오해할 수 있는 복잡한 수신호는 피하는 것이 상책이다.

결국 심판이 1, 2, 3이라고 하는 손가락 신호를 자주 사용하기 때문에 선수들에게 등번호 1에서 3번까지 붙이지 않도록 하고 있는 것이다.

물속의 닌자(忍者)가
대나무 통으로 숨을 쉬는 게 가능할까

무협영화를 보면 도망자가 입에 물고 있는 대나무 대롱으로 호흡하면서 수중에 오랫동안 숨어 있는 장면을 많이 볼 수 있다. 수면은 한 점의 움직임도 없고 물거품도 생기지 않는다. 또 무술영화에서는 황당무계하게도 숨을 몇 시간 동안 쉬지도 않고 물속을 자유자재로 돌아다니는 장면들도 많이 등장하는데 영화를 보다보면 이런 장면이 현실감 있게 느껴지고 논리적으로도 가능할 것처럼 보인다.

그렇지만 보통 사람들은 이 흉내를 내려 해도 잘 되지 않는다. 대나무 대롱이나 플라스틱 파이프를 물고 물속에서 숨을 쉬려해도 자꾸 입 속에 물이 들어오기 십상이라 오히려 숨을 참고 물속에 잠수할 때보다도 더 오래 견디지 못한다. 그렇지만 옛날 일본 무사들인 닌자처럼 격렬한 훈련을 거친다면 이러한 것이라도 가능하지 않을까.

하지만 아무리 닌자라도 이 영화 속의 장면을 재현하려면 몇 가지 고쳐야 할 점이 있다. 먼저 물속에서 오랫동안 가만히 숨어 있다는 것 자체가 어려운 일이다. 폐에 한껏 공기를 들이마시고 잠수하면 보통 10초나 20초 정도 지나면 몸이 떠오르기 시작한다. 그러므로 플라스틱 파이프나 대나무 통을 사용해 숨을 쉬면서 가만히 가라앉아 있다는 것은 불가능하다. 그러기 위해선 돌이나 다른 무거운 물체를 끌어안고 있어야 한다.

게다가 물속에는 수압이 있다. 1m의 깊이에 들어가면 몸의 전후좌우로부터 물의 무게에 상당하는 수압을 받기 때문에 그런 장소에서 호흡을 하기 위해서는 폐를 팽창시키는 근육이 그 수압을 물리칠 정도의 힘으로 팽창하지 않으면 안 된다. 따라서 서너 시간씩 있으려면 대단한 훈련이 필요하다.

그러므로 잘 훈련된 사람이 아닌 한 호흡을 하려고 해도 숨을 토해낼 뿐으로 거기서 들이마신다는 것은 거의 불가능하다.

인류 역사상
최초의 연애 이야기는 희극일까, 비극일까

　인류가 문명을 이루어 살아온 역사 가운데 어떤 이야기보다 생명력 있는 것은 바로 연애 이야기다. 진실한 사랑과 그로 인해 삶의 가치를 깨닫는 사랑 이야기는 들어도 들어도 질리지 않는 이야깃거리이고 시대와 상황에 따라 소재나 재제를 바꿔가면서 끊임없이 변주되어 왔다.

　인류 역사상 최초의 연애 이야기는 어느 민족의 것일까? 역사기록으로 가장 오래된 민족은 메소포타미아 지역, 지금은 아랍 지역의 수메르인이다. 그리고 그들의 전설이자 신화 속에는 일류 최초의 진한 사랑이야기가 있다.

　남자 주인공은 성장의 신인 탐무즈, 여자 주인공은 대지의 여신 인니나이다. 이 최초의 연애에서 먼저 접근한 것은 여신인 인니나였다. 인니나는 애무로서 탐무즈의 관능을 일깨웠다. 그러자 탐무즈는 잠자리에서 환희는 물론이고 사냥꾼으로서도 남자다움을 보여 주려고 했다. 예나 지금이나 사랑하는 여인 앞에서 남자다움을 보이고자 하는 것은 사랑에 빠진 남성들의 특징인가 보다. 그런데 어느 날 탐무즈는 사냥을 하다 그만 치명적인 상처를 입고 말았다. 그래서 죽은 후의 세계인 명계(冥界) 〈아랄루〉로 가게 되었다.

대지의 여신 인니나는 슬픔에 빠졌다. 그녀는 탐무즈를 다시 살릴 수 있는 일이라면 무엇이든 해야겠다고 결심했다. 그래서 인니나는 자신의 자매인 에레슈키갈이 지배하는 명계로 내려갔다. 에레슈키갈은 인니나가 명계로 들어오는 것을 허락했지만 명계의 엄격한 규칙을 자매라고 해서 적용하지 않을 수 없었다. 그래서 명계의 파수꾼은 규칙에 따라 인니나를 알몸으로 만들었다. 인니나는 옷을 벗고 몸에 있던 모든 장식

품을 떼내는 치욕을 참아냈다. 오직 탐무즈를 만나기 위해서였다.

그런데 알몸의 인니나는 너무나 아름다웠다. 명계의 신인 에레슈키갈은 그녀의 아름다운 몸에 대한 질투에 빠졌다. 그래서 그녀는 인니나를 궁전의 한 방에 가두고 이 세상의 온갖 질병을 동원하여 아름다운 그녀의 온몸을 병들게 만들었다. 인니나는 탐무즈를 만나지도 못하고 모진 고통만 당했다.

한편 지상은 대지의 여신 인니나가 사라진 이후 황폐해지기 시작했다. 그녀는 지상의 모든 남자들에게 지칠 줄 모르는 욕정과 육신의 힘을 불어넣는 역할을 했기 때문에 그녀가 사라지자 지상의 모든 생명은 번식을 중단하였다. 그러자 지상의 신들은 걱정이 되었다. 인간이 사라지면 누가 신들을 공양한단 말인가! 그래서 신들은 명계의 신인 에레슈키갈에게 압력을 넣어 인니나를 다시 지상으로 올려보내도록 했다.

인니나가 그냥 지상으로 올라왔을까? 아니다. 그녀는 탐무즈와 함께가 아니라면 자신도 소생하지 않겠다고 주장했다. 신들은 그녀의 의견을 들어주었다. 그래서 마침내 인니나와 탐무즈는 함께 소생해 지상으로 올라왔다. 둘은 열렬한 사랑을 나누었으며 대지는 다시 살아나고 동물과 인간들은 다시 욕정을 발휘하기 시작했다. 이렇게 해서 인류 최초의 연애는 여인의 헌신적인 희생으로 결국 행복한 결말을 맺었다.

더욱 즐거운 지적 탐험을 위한 페이지

최초의 스트립쇼

1893년 파리 물랭루주의 한 무도회에서 한 여성 모델이 단독으로 스트립쇼를 공연했다. 물론 이 여성은 경찰에 체포되었다. 그런데 그 스트립쇼가 내건 목적은 놀랍게도 〈학생계몽〉이었다고 한다.

지구상에 존재하는 동물의 종류는 얼마나 될까?

1년에 새로 발견되는 동물의 종수는 약 5천2백 종이다. 1758년 최초로 동물 분류표를 만들었던 스웨덴 박물학자 카를 린네는 1만 2천 종의 동물을 분류했다. 오늘날 이 숫자는 약 26만5천 종으로 늘어났다. 그러나 어떤 학자는 아직 지구상에 발견되지 않은 동물의 숫자가 3천2백만 종이라고 추산한다. 대부분 무척추동물이긴 하겠지만 인간은 아직 지구의 일부밖에 발견하지 못한 것이다.

세계(世界)란 어디에서 나온 말일까

세계라는 단어는 본디 불교용어다. 〈세(世)〉는 과거 · 현재 · 미래의 삼세, 즉 시대를 말한다. 〈계(界)〉는 동서남북·상하라고 하여 중생이 사는 공간, 즉 지역을 가리킨다. 결국 세계란 어떤 시대 어떤 지역의 사람들이 인식하는 시간적 공간적 범위를 일컫는 말이다.

시계가 오른쪽으로만 돌아가는 이유

당연한 일일수록 실제로 왜 그렇게 되었는가 하는 진위가 알려지지 않은 경우가 많다. 시계 바늘의 문제도 마찬가지다. 시계 바늘이 오른쪽으로 돈다는 것은 세계적으로 공통된 현상이지만 왜 오른쪽으로 도는가를 알지는 못한다. 이 문제의 힌트는 지금과 같은 시계가 발명되기 전에 인류가 어떤 시계를 만들어 사용했는가라는 점에 있다. 답은 해시계다. 해시계는 북반구에서는 반드시 우회전을 한다.

사자(死者)의 서(書)

기원전 2500년경 고대 이집트 왕국에서는 왕은 내세에서도 최고의 신이 된다고 믿었다. 그래서 피라미드의 현실(玄室)과 벽에, 주문과 부적을 새겨 넣었다. 기원전 2000년경에는 귀족이나 부자의 관 속에 죽은 후의 행복에 관해 기록한 문서를 넣기도 했다. 기원전 1500년 이후의 새로운 왕국에서는 주문에 의지하여 내세의 행복한 생활을 얻으려 해도, 현세에서 선행을 쌓지 않으면 내세에 갈 수 없다는 사상이 나타났다. 그래서 죽은 이에게 이 사실을 가르쳐 줄 문구를 파피루스에 적어 관에 넣었는데, 이것을 〈사자의 서〉라고 한다.

좌익의 기원

현대 세계의 좌우 개념은 좌익, 우익 등 정치적 성향에 많이 사용된다. 프랑스 혁명 당시 입법의회에서 급진파가 의장석 왼쪽에 앉았고 영국 의회에서 야당이 좌측에 자리를 잡았던 데서 좌익이란 말이 시작되었다.

왜 골프는 1코스가 18홀일까

골프 코스는 1858년 세계 최초의 골프클럽인 영국 센트앤드류 클럽에서 개최된 회의에서 장로 전원이 제시한 의견을 취합해 18홀로 결정됐다. 한 홀에서 한 잔씩 마셔 가면서 플레이를 하다 보면 거의 18잔째 술병이 비워진다는 것이 그 이유였다.

가장 안전한 밀서파견 방법은?

고대 그리스에서 밀서를 보낼 때는 노예의 머리 가죽에 글자를 써서 머리칼이 생길 때까지 기다렸다가 발송했다고 한다. 이 방법은 적에게 밀서를 빼앗길 위험성이 거의 없기 때문에 안전하긴 했지만 긴급을 요하는 내용은 이 방법으로는 불가능하다는 점이 단점이었다.

6장

안다는 것과 모른다는 것 – 의문과 우문

녹음기로 자기 목소리를 들으면 왜 다른 사람 목소리 같을까

녹음기에 자기 목소리나 노래를 녹음해 놓고 다시 들어보면 자신의 목소리가 어쩐지 이상하게 들린다. 마치 다른 사람 목소리를 듣는 것 같다. 좀더 멋진 목소리인 줄 알고 있었는데 이건 영 아니올시다인 것이다.

하지만 그것은 분명히 자신의 목소리다. 평상시 자신의 목소리라고 생각하고 있던 것은 자기만이 들을 수 있는 목소리에 불과하다. 다른 사람들은 녹음기에서 나오는 소리와 똑같은 것을 듣고 있다.

그 이유는 무엇일까. 우리는 자신의 목소리를 두개골로 연결된 청신경(聽神經)에 의해 듣고 있기 때문이다. 그러므로 실제 목소리보다 울림이 있는 목소리로 들리게 된다.

사람의 목소리는 기계가 내는, 파장이 고른 음과는 다른 자연적인 음성이므로 여러 가지 파장이 섞여 있다. 즉, 성대에서 낸 작은 소리를 이나 입속에서 공명시킴으로써 큰소리를 내는 것인데, 이때 몸의 진동과 밖으로 나온 음의 진동이 자기 목소리로 들리는 것이다. 그렇기 때문에 자기 목소리는 귀 근처에 있는 몸의 진동으로 저음부가 강조되어 실제보다 낮게 들린다.

이와 같은 현상은 과일이나 단무지, 과자 등을 씹고 있을 때도 일어난다. 다른 사람이 씹고 있는 것은 그다지 신경에 거슬리지 않지만 자신이 씹었을 때는 소리가 크게 느껴져 다른 사람의 눈치를 보게 된다. 이것은 자신이 내는 소리가 두개골로 전달되어 실제보다 큰소리로 들리기 때문이다.

식후에 피우는 담배, 정말로 맛있을까

어떤 사람이 담배를 피우는가 아닌가는, 식후에 주머니에서 담배를 꺼내는가 아닌가에 따라 판단할 수 있을 정도로 대부분의 애연가는 식후 끽연을 즐긴다. 그런데 식후에 피우는 담배가 정말로 맛이 있을까. 포만감에 젖어 심리적으로 느긋해지기 때문에 담배가 맛이 있다고 하는 것은 아닐까?

담배에는 쓰고 단 여러 맛의 성분이 포함되어 있다. 그 중의 하나가 「페리라르친」이라는 단 성분이다. 이것은 타액에 쉽게 용해되는데, 특히 식후 타액이 많이 나올 때는 대부분이 용해된다. 식후 연초에 대한 애연가들의 집착은 이처럼 먹는 것과 담배와의 관계, 또는 심리적인 만족감보다는 타액과 담배와의 관계로부터 비롯된 것이라는 표현이 보다 정확할 것이다.

결국 식후의 한 모금이 맛있는 것은, 「페리라르친」 등의 단맛을 느낄 수 있기 때문이다. 더구나 기름진 요리를 먹은 경우는, 혀의 표면이 기름으로 덮여 있기 때문에 담배의 쓴맛도

느낄 수 없다. 그러나 단맛을 느끼는 부분인 혀의 맨 앞은 식사 후 기름기가 가장 적게 남아 있는 부분이다. 이 때문에 쓰지도 않고 달콤하기만 한 담배맛을 느낄 수 있는 것이다.

유리구두를 신은 신데렐라는
발에 상처가 나지 않았을까

신데렐라 이야기는 새삼스레 설명할 필요도 없을 만큼 누구나 알고 있는 유명한 동화이다. 또한 신데렐라가 유리구두로 인해 왕자와 다시 만나는 환상적인 장면은 많은 사람들의 기억 속에 아름답게 자리 잡고 있다.

그런데 잘 생각해보면 이상하지 않는가. 유리구두라니! 아무리 동화 속의 요술 할머니가 만들어준 것이라 해도 현실감이 전혀 없다. 유리구두로는 무도회에서 왕자와 달콤한 춤을 추는 것뿐만 아니라 걸어다니는 것조차 힘들지 않을까?

유리섬유로 만들어진 강력 유리구두라서 깨지지 않을 수도 있다고 반박할 수도 있다. 하지만 그 딱딱한 유리구두를 신고 다닌다는 것은 엄청난 고통과 인내심을 요구하는 것임에 틀림없다. 행복한 표정의 신데렐라, 아름답게 빛나는 유리구두와 「부어오른 발가락」 혹은 「상처뿐인 발가락」은 모순되는 것임이 분명하다.

오늘날 어린이들에게 들려주는 신데렐라 이야기는 프랑스의 오래된 동화에 뿌리를 두고 있다. 이 이야기에서는 본래 신데렐라가 「털가죽으로 만든 구두(pantoufles en vair)」를 신었다고 한다.

그러나 프랑스에서는 14세기부터 이 동화 속에 vair(털가죽)라는 말이 쓰이지 않게 되었다. 프랑스의 작가 샤를 뻬로가 1697년에 그 동화를 다시 쓰면서 생소한 vair(털가죽)라는 단어를 verre(유리)의 잘못인 줄 알고 유리구두로 고쳐 버렸던 탓이다. 그 이후 뻬로의 동화를 모방한 서양의 인기 있는 신데렐라 이야기에서는 대부분 유리구두가 판을 치게 된 것이다.

결국 털가죽구두를 신은 신데렐라는 발가락 상처와는 아무런 상관이 없는 것이다. 그러나 털가죽구두를 유리구두로 바꿨다고 샤를 뻬로를 탓할 것만도 아니다. 신데렐라와 왕자를 이어주는 것이 유리구두가 아닌 털가죽구두라면 어째 좀 싱겁고 평범한 느낌이 든다. 유럽뿐 아니라 전 세계에는 신데렐라 이야기와 유사한 민간설화가 500여 종을 넘는데, 여기서도 구두만은 예외없이 금이나 은으로 만들고 보석 아니면 진주를 박은 비싼 것으로 나온다.

중세의 마녀들은 왜 꼭 화형당해야 했을까

16세기와 17세기에 걸쳐 영국과 대부분의 유럽제국에서는 마녀소동이 요란스럽게 벌어졌다. 대부분의 마녀는 화형에 처해졌다. 그런데 하필이면 많은 사형방법 중에 화형을 사용했을까.

원래 유럽에서의 〈장례식〉은 제사를 올려 사랑하는 사람의 내세 생활이 좀더 편할 것을 바라는 측면과 함께 죽은 사람이 다시는 돌아오지 못하도록 하는 의식이라는 측면도 가진다. 심지어 그들의 가슴에 못질을 하기도 하는 경우도 있다. 결국 장례식은 천국과 사신(死神)이라는 상반된 두 가지 의미를 포함하고 있다. 동양에서는 일찍부터 이 두 가지 인간의 욕구를 충족시키는 손쉬운 방법으로 화장을 많이 했다. 혼이나 넋은 솟아오르는 불길을 타고 하늘로 올라가도록 했고, 육신은 지상을 방황하지 않도록 없애버렸다.

그러나 중세 기독교국가에서는 화장이 몇 세기 동안 법으로 금지되어 왔다. 화장을 금하고 매장을 한 배경에는 시체를 고스란히 보존하려는 의도가 있었다. 즉, 최후의 심판일에 대한 신앙과 내세에도 육신이 필요하리라는 생각이 깔려 있었다.

중세에 마녀들을 화형에 처한 것도 같은 맥락에서 이루어졌다. 마녀의 몸과 혼을 함께 파괴해 육신의 부활을 철저히 막으려 한 것이다.

유럽에서 화장을 받아들이기 시작한 것은 채 백 년도 되지 않는다. 직업이 의사였던 영국의 프라이스란 사람이 아들을 화장시켜 1884년 재판을 받았지만 무죄로 풀려나 화장의 풍습을 현대에 퍼뜨리는 길을 열었다. 화장이 다른 사람에게 누를 끼치지 않는 한 합법이라는 판사의 판결이었다.

죽은 사람과 함께 그 소지품을 묻는 풍습도 화장과 그 의도에서 유사한 측면이 있다. 즉, 죽은 사람이 새로 찾은 세계에 만족하도록 해서, 다시 이 세상에 찾아오고 싶다는 생각을 갖지 않도록 하려는 것이었다. 장례 때의 화환은 죽은 사람에게 아름다움을 바쳐 경의를 표하기 위한 것뿐 아니라 육신을 떠난 혼이 돌아다니지 못하도록 마법의 환(環)으로 묶어두려는 목적도 있었다.

비슷한 이유에서 고대 그리스 사람들은 저승으로 가기 위해 스틱스강(그리스인들이 저승을 흐르고 있다고 믿는 강)을 건널 때의 뱃삯으로 동전 한 닢을 무덤에 넣어주었다. 스칸디나비아에서는 내세로 걸어가는 긴 여행이 편안하도록 죽은 사람에게 신발을 신겨주었다. 그리고 미국의 인디언 수니족은 죽은 용사가 배가 고파서 되돌아오지 않게 먹을 것을 넣어주었다.

불타는 로마를 보면서 네로는 바이올린을 켰다는데, 어디까지가 사실일까

고대 로마에 관한 이야기 중 사람들의 입방아에 가장 자주 오르내리는 것은 과대망상증에 사로잡힌 네로황제가 자신의 이름을 영원히 남기기 위해 새로운 도시를 건설하려 했다는 이야기다. 도시를 가로막는 사유(私有)신전 때문에 자신의 뜻을 이루지 못한 이 폭군이 마침내 스스로 로마에 불을 질렀다는 것이다. 혹은 불에 대해 광적이라고 할 수 있을 만큼 탐미적 열정을 불태운 나머지 로마에 불을 질렀다는 이야기도 있다.

어쨌든 불타오르는 도시가 한눈에 내려다보이는 탑 위에 올라가 아비규환의 지옥도를 유유히 감상하며 바이올린을 켜댔다는 것이다.

그러나 네로가 로마의 방화에 가담했다는 역사적 증거는 어디에도 없다. 게다가 16세기까지 바이올린은 발명되지도 않았다. 그러나 어떤 사람들은 그가 리어(고대 로마의 수금)을 켰다고도 하고 큐트(서양의 비파)를 켰다고도 하면서 자기 주장을 굽히지 않는다.

　역사가인 타키투스는 화재가 난 지 수년 후에 쓴 책에서, 불이 일어난 바로 그 시간에 네로는 화재현장에서 80km나 떨어진 안티움에 있는 별장에 머물고 있었다고 썼다. 불이 타는 로마를 신이 나서 바라보기는커녕 네로는 급히 로마로 달려가서 필사적으로 불을 잡으려고 애썼다. 이것은 만행으로 일관한 그의 일생 가운데 유일하게 칭찬받을 만한 행동이었다.

　하여간 로마는 불타 버렸지만 민심을 수습하기 위해선 희생양이 필요했다. 당시 기독교는 민중의 신망을 얻지 못한 종파로 마술을 일삼고 있다는 혐의를 받고 있었다. 이로 인해 기독교도들은 로마 방화범의 누명을 쓰기에 안성맞춤이었다. 네로는 이 일을 기화로 수백 명의 기독교도들을 처형했다. 그러나 이것도 후세에 전하는 것처럼 기독교도들을 사자의 먹이로 주었다는 기록은 없다.

　그런데 왜 이러한 일들이 왜곡되어 전달되었을까. 항상 과거는 승리자의 입장에서 다시 만들어지기 마련이다. 특히 역사보다는 신화와 종교가 우위에 있는 시대에서는 비상식적인 일이나 거짓이 진실의 포장을 쓰는 것이 그리 어려운 일은 아니다. 이후 기독교 세계가 된 유럽에서는 로마의 네로야말로 대표적인 탄압자이자 이교도였을 것이다. 악인의 표상처럼 돼버린 네로에게 또 하나의 죄를 추가한다고 해서 시비붙을 사람은 아무도 없었다.

왼손잡이와 오른손잡이 중
누가 더 오래 살까

〈미국에서는 왼손잡이가 오른손잡이보다 9년 먼저 죽는다〉

이것은 미국의 캘리포니아 주립대학의 D.하르판과 캐나다의 브리티쉬 콜롬비아대학의 S.코렌이 공동으로 연구한 끝에 나온 결론이다.

이 결과에 따르면, 오른손잡이의 평균수명은 남녀 합쳐서 75세인데 비해 왼손잡이는 66세로 현저히 낮다. 이 중 주목할 만한 사실은 왼손잡이의 사고사망 건수다. 오른손잡이에 비해 무려 6배나 많은데, 특히 자동차 사고가 많다.

미국도 우리 나라처럼 차가 우측통행을 하기 때문에 핸들은 왼쪽, 기아 변속기는 오른쪽에 있다. 유추해서 해석해보면 왼손잡이가 잘 쓰지 않는 오른팔로 기아 변속기를 조종해야 하기 때문에 오른손잡이보다 사고가 많은 것이다.

달걀을 진짜로 세울 수 있을까

옛날부터 달걀은 세울 수 없는 것으로 여겨져 왔다. 물론 「콜럼부스의 달걀」 같은 것이 있긴 하지만 정말로 달걀을 세울 수 있다고 진지하게 시도해본 사람은 거의 없었다.

그런데 십수 년 전에 중국의 고전에 〈입춘에는 달걀을 세울 수 있다〉라고 쓰여져 있는 것이 발견되어 그대로 실험해본 결과, 확실하게 세워져 화제가 된 적이 있다. 또 입춘이 아니어도 언제라도 달걀은 세울 수 있다는 것도 밝혀졌다.

달걀 껍질은 꺼칠꺼칠하고, 작은 요철(울퉁불퉁)로 되어 있다. 울퉁불퉁(요철)한 높이는 0.03mm이고 요철(양각)과 요철(음각) 사이의 거리는 0.8mm이다. 이 3개의 요철(양각)이 삼발이 역할을 하기 때문에 달걀을 세우는 것이 가능하다. 달걀의 중심에서 밑으로 그은 수직선이, 이 3점이 차지하는 면적 중앙에 맞도록 달걀을 조금씩 움직인 후, 살며시 손가락을 빼면 달걀이 서 있게 된다.

　울퉁불퉁한 책상 위에서는 성공할 수 없는데, 평평한 책상 위에서 조심스럽게 시도하면 3~4분 후 반드시 세울 수 있다. 달걀이 서지 않는 것은, 불가능하다고 생각해 중도에서 포기해 버리기 때문이다.

　그렇다면 왜 입춘에만 세울 수 있다고 쓰여져 있는 것일까. 그것은 여름보다 겨울이 달걀을 세우는 데 유리하기 때문이다. 겨울은 습기가 적어서 껍질의 울퉁불퉁한 부분이 높고 요철(양각)이 많은 편이다. 달걀은 습기가 많으면 껍데기가 젖어서 울퉁불퉁한 부분이 적어진다.

기독교와 불교의 지옥 중 어느 쪽이 견딜 만할까

가톨릭의 교리에는 「연옥」이 등장한다. 대다수의 사람은 천국으로 바로 갈 만큼 착한 사람도 아니며, 지옥으로 바로 갈 만큼 악인도 아니다. 따라서 사람이 죽으면 우선 천국과 지옥의 중간 단계인 연옥에 가서 그 죄를 갚는다고 한다.

이처럼 천국과 지옥 사이에 영혼의 「갱생교도시설」이 있다는 것은 그만큼 가톨릭의 지옥이 무섭다는 것을 의미한다. 실제로 가톨릭의 지옥은 한번 들어가면 나올 수 없는 곳이다. 영원한 괴로움이 기다리는 장소일 뿐이다. 덧붙여 말하자면, 똑같은 기독교라도 개신교에서는 「연옥」이라는 것을 부정한다.

한편 불교는 윤회사상을 근본에 깔고 있다. 따라서 지옥도 영원한 것이 아니며, 지옥에 있더라도 「형기」가 있다. 그 형기는 1조 260억 년이다. 끔찍하게 긴 시간이긴 하지만, 기약없는 종신형인 가톨릭의 지옥에 비하면, 그래도 희망이 있기 때문에 견딜 만하지 않을까.

〈세 살 버릇 여든까지 간다〉,
왜 하필 세 살일까

자라나는 아이들이 좋지 않은 버릇이 있을 때 흔히 〈세 살 버릇 여든까지 간다〉는 말로 꾸짖곤 한다. 왜 하필이면 세 살일까. 여기에는 과학적인 근거가 있을까.

성인이 되면 좋은 것만 기억하고 나쁜 것은 잊어버리려고 하는 기억의 선택이 행해진다. 그런데 2~3세 때에는 이러한 취사 선택이 없이 좋은 일이나 나쁜 일이나 전부 기억된다. 어린 시절의 1년 동안 기억하는 내용은 50세 때의 1년보다 다섯 배나 된다. 이처럼 많은 기억이 성인이 되어도 남는다는 의미에서 〈세 살 버릇 여든까지 간다〉고 하는 것이다.

또한 세 살까지는 뇌가 급격하게 발달하는 시기다. 그래서 1천억 개에 달하는 뇌의 신경세포는 태아기에 형성돼, 감소할 수는 있어도 증가하지는 않는다. 뇌의 무게는 갓 태어났을 때는 400g, 1세에 800g, 3세에 900g으로 급격히 증가한 후, 20세까지는 서서히 증가한다. 또 뇌의 발달에 없어서는 안되는 것이 신경세포에 영양을 공급하고 신경세포에서 나온 신경섬유에 홈을 새기는 글리아세포다. 이 홈이 새겨지게 되면 정보는 10~100배나 빠르게 정보를 전달한다. 글리아세포가 활발하게 움직이는 것도 이 시기이다.

결국 3세까지가 본 것, 들은 것을 가장 많이 흡수하는 시기인 셈이다. 옛날 우리 조상들은 이처럼 세세한 과학적 근거에 대해 알 수는 없었겠지만 생활 속에서 경험적으로 체득하고 있었음에 틀림없다.

눈으로 볼 수 없는 사람도
꿈속에서 무엇인가를 볼 수 있을까

　보통 꿈속에서 무엇인가 보았다는 말을 하는데, 정확히 말하면 꿈이란 눈으로 보는 것이 아니고 머리로 느끼는 것이다. 꿈을 꾸면 소리도 있고 달다거나 시큼하다는 느낌, 아프다는 감각도 있다. 그러나 이 모든 것은 단지 머리로 느껴지는 것일 뿐이다.

　눈으로 볼 수 없는 사람도 꿈을 꾼다. 미국의 헬렌 켈러는 태어나서 1년 8개월 만에 맹인이 되었지만, 맹인이 된 후에도 꿈을 꾸었다고 한다. 전에 보았던 경치 등이 기억 속에 남아 있다가 꿈에 나타나곤 했다는 것이다.

　그러나 태어날 때부터 시력이 부자유스런 사람은, 꿈을 꾸면서도 물체를 볼 수는 없다. 예를 들면 사람이나 동물의 모양을 볼 수 없기 때문에, 말하는 꿈을 꾸는 것이다. 모양이 아닌 소리만 듣는 꿈이다.

　꿈은 사람만 꾸는 것이 아니다. 개나 고양이도 꿈을 꾼다.

자고 있는 개의 뇌파나 맥박, 호흡, 표정 등을 조사해보면 꿈
을 꾸고 있는지의 여부를 알 수 있다. 가만히 자고 있던 개가
갑자기 일어나 으르렁거리는 경우가 있는데, 꿈속에서 뭔가
놀랐기 때문일지도 모른다.

코를 골다 죽는 수도 있을까

심하게 코를 고는 사람을 보면 갑자기 숨을 멈추고 있는 광경을 볼 수 있다. 때로는 그러다가 숨이 아주 멈추지나 않을까 하는 걱정이 들기도 한다. 과연 코를 골다 죽는 수도 있을까.

코골기에도 1도에서 10도까지의 도수(度數)가 있다고 한다.

단순 코골기인 1~5도는 때때로 단발적으로 고는 것으로, 자각증상은 없고 음주 후나 피로했을 때만 곤다. 별로 걱정을 하지 않아도 될 수준이다.

6도는 경미한 코골기이다. 잠에서 깨어나면 목이 마른 듯한 느낌이 들어 자주 냉수를 찾는다. 코골기의 새로운 입문단계라고 할 수 있다.

7도는 같은 방에서 함께 자고 있는 사람의 수면을 방해할 정도이며, 소리나 빛으로 자극을 주면 곧 멎는다. 이 경우에는 건강상태와는 관계없이 잠만 들면 코를 곤다. 목이 마르

고, 자고나서도 피로하고 머리가 무겁다든지 하는 증상을 동
반한다. 상대방이 예민한 편이라면 잠자리를 따로 쓰는 부부
가 나타난다.

8도는 7도의 증상 외에 권태감과 혈압 항진 등이 더 추가된
다. 1시간에 1~2회 정도, 10초 이내의 무호흡증을 동반한다.
옅은 잠이 들었을 경우엔 자신이 코고는 소리에 놀라 깨어나
는 웃지 못할 촌극이 벌어지기도 한다. 이 경우는 친구나 동
료들 사이에서도 「코고는 사람」으로 낙인찍혀 일종의 기피인
물이 된다.

9도는 잠이 들자마자 코를 골기 시작해 불규칙적인 주기를
보인다. 10~120초 정도의 무호흡증과 저산소혈증(低酸素血
症), 심장질환 등의 증상이 나타난다. 이 경지에 들어서면 본
인에 의해서든 가족에 의해서든 코골이를 고치기 위한 갖가

지 방법이 동원된다.

10도는 야간의 불면, 공포증, 몽유병, 뇌혈전 따위를 동반하며 갑작스럽게 죽음에 이르는 경우도 있다.

6도 이상이 되면 코골기가 이미 체질화된 사람이라고 할 수 있다. 베개를 너무 높지 않게 하거나 가능한 한 옆으로 자는 등 숨쉬기 편한 자세를 취하는 것도 코골이를 예방하는 방법이다. 좀더 심하면 병원에서 진찰을 받아보는 것이 좋다.

배고픔을 느끼는 것은 배일까, 아니면 뇌일까

식사하기 전에 단것을 먹으면 조금 먹었는데도 배가 꽉 찬 느낌을 가질 때가 있다. 당분과 배부른 느낌에는 깊은 관계가 있기 때문이다.

흔히 배부름과 배고픔, 이 두 가지는 배가 느끼는 것으로 생각하기 쉬운데, 실은 그렇지 않다. 위를 잘라 버려도 배가 부르다거나 고프다는 것을 느낄 수 있다. 그 증거로 격렬한 운동을 할 때나 공부나 일에 몰두해 있을 때, 혹은 입원 중에 영양주사를 맞을 때는 아무것도 먹지 않아도 그다지 배고픔을 느끼지 않는다. 이 배가 부르거나 고프다는 것을 느끼는 신경은 뇌에 있다. 뇌 시상하부의 바깥쪽은 배고픔, 안쪽은 배부름을 느낀다.

배고픔과 배부름을 느끼는 것은 혈액 중의 혈당의 농도에 따라 달라진다. 농도가 낮아지면, 시상하부의 바깥쪽을 자극하며, 농도가 높아지면 안쪽을 자극한다. 따라서 배가 부르다, 고프다는 느낌은 실제로 위가 가득 차 있는지 아닌지와는 관계가 없다. 먹은 음식물에 포함되어 있는 당분의 양에 따라 배가 부르다거나 고프다고 느끼는 것이다. 배에서 〈꼬르륵〉 소리가 나는 것도 이 혈당이 수준 이하로 떨어진 것을 뇌가 느끼고 위에 신호를 보냄으로써 위가 수축운동을 하기 때문에 나는 소리다.

따라서 배가 공복상태일지라도 다른 일에 열중하고 있으면 배고픔보다도 하고 있는 일에 뇌가 작용함으로 배고픔을 느끼지 않게 된다. 또 영양주사를 맞고 있으면 혈액 중에 포도당이 보충되므로 역시 배고픔을 느끼지 않는다.

물배와 술배는 따로 있을까

맥주는 한 번에 5병도 마실 수 있는데, 물은 그렇게 한꺼번에 많이 마실 수 없다. 그 이유가 무엇일까.

대답은 간단하다. 알코올은 위에서부터 흡수되기 때문이다. 보통 음식물은 위에서 흡수되지 않고 장으로 보내져 흡수되지만, 알코올은 위에 들어가면서부터 흡수된다. 따라서 그만큼 많이 먹을 수 있는 것이다.

물은 위에서 흡수되지 않으므로, 이미 마신 물이 장으로 보내지기 전에 계속해서 마시면 위가 물로 꽉 들어차서 더 이상 마실 수가 없게 된다. 이런 이유로 술마시기 대회는 있어도 물마시기 대회는 없는 것이다.

물을 그 자리에서 1.8리터 이상 마시는 것은 불가능하다. 그러나 술이라면 별로 어려운 일은 아니다. 천천히만 마신다면 그 몇 배도 마실 수 있다. 생맥주를 1만cc, 2만cc 마셨다는 것도 놀라운 일은 아니다. 물을 그 정도 마셨다면 아마 기네스북에 올랐을 것이다. 알코올은 위에서부터 흡수되어 혈액에 섞여 뇌까지 운반된다. 그래서 위가 텅 비어 있는 공복상태라면, 술은 더 빨리 흡수되고 더 빨리 취하는 법이다.

그러나 이것만으론 설명이 부족하다. 과학적으로 엄밀하게 말하면 위에서 흡수되는 술은 극히 일부분에 지나지 않으며 술을 마셨을 때 대부분의 알코올 성분은 소장에서 흡수된다고 해야 할 것이다. 아무리 위가 비어 있는 경우에도 위에서 흡수되는 알코올의 양은 20% 내외에 지나지 않는다고 한다. 따라서 실제 맥주를 많이 마실 수 있는 것은 알코올에 소변을 촉진하는 성분이 있어 몸의 수분을 계속 배출해내기 때문이다.

보트에 버려진 난파자,
바닷물을 먹어야 할까 참아야 할까

로빈슨 크루소는 행운의 사나이였다. 난파당했을 때 그는 생존할 수 있는 섬을 발견할 수 있었기 때문이다. 그러나 많은 사람들이 침몰하는 배에서 구명보트로 탈출을 하고도 갈증과 굶주림으로 죽어간다. 대부분의 난파자들은 바닷물을 마시는 것이 죽음을 재촉하는 길이라고 믿어 의심치 않기 때문에 오히려 죽음의 길로 들어서게 된다. 물론 바닷물은 식수로 적당하지 않다. 그렇다고 해서 마실 것이 아무것도 없는 상황에서는 바닷물이라도 먹는 것이 좋지 않을까.

1953년 알랭 봉바르드라는 한 프랑스 의사가, 음식과 물이 없이 바다에 버려져도 보통 알려져 있는 사람의 인내력의 한계보다 훨씬 오래 견딜 수 있다는 자신의 신념을 증명하기 위해 스스로 실험대상이 되었다. 대서양을 횡단해서 서인도제도에 도착할 작정으로 4.5m 길이의 고무보트를 타고 카나리아제도의 한 섬을 떠난 것이다. 보다 완벽한 실험을 위해 그는 한줌의 음식이나 물 한 방울도 보트에 싣지 않았다.

그는 난파자들이 완전히 탈수상태에 빠질 때까지 바닷물을 먹지 않기 때문에 그런 운명을 맞게 된다고 주장하는 사람이었다. 배가 섬을 떠나면서부터 매일 0.7리터의 바닷물을 조심스레 마셨다. 그 외에 손수 만든 작살로 잡은 고기에서 짜낸 물도 마셨다. 괴혈병의 희생물이 되지 않으려고 보트 뒤에다 옷을 찢어 만든 그물을 늘어뜨려 플랑크톤을 건져 먹었다. 바다 표면 근처에 떠다니는 이 연약한 플랑크톤을 하루에 한 두 숟가락 먹는 것으로, 이 보잘것없는 식사에서 생기는 비타민의 부족을 보충할 수 있었다.

폭풍우를 만나 돛이 찢어져 나가기도 하고, 영양부족에다 온몸에 발진 증세를 보이면서도, 도중에 만난 배에서 대접받은 한끼 식사(53일째) 외에는 외부의 어떠한 도움도 받지 않은 채 크리스마스 이브에 목적지에 도착했다. 65일 동안 4,500km 이상을 항해한 셈이다. 몸무게는 25kg 줄었으나 그는 살아남았고 건강했다. 자신의 이론을 스스로 증명한 것이다.

그렇다고 이제부터 수돗물 대신 바닷물을 마시겠다는 생각은 하지 않는 것이 좋겠다. 결론적으로 말한다면 민물에 희석하지 않고 바닷물만 마신다면, 농도 높은 염분은 간을 해치고 결국에는 죽음으로까지 몰고갈 수 있다. 그러나 민물이 모자라서 바닷물을 약간 타 마시는 것은 해롭지 않다. 난파당했을 때 바닷물을 조금씩 먹는 것은 그야말로 궁여지책일 따름이다.

처녀막은 인간에게만 있을까

옛날에 비해 많이 달라지긴 했지만 아직도 우리 사회에서 「처녀막」은 여성의 순결을 상징한다. 여전히 많은 미혼남성들은 자신과 결혼하는 여성은 순결해야 한다, 즉 처녀막을 갖고 있어야 한다고 생각한다. 이러한 처녀막 숭배의식은 전 세계에서 거의 공통적으로 나타난다.

과거 기독교에서는 〈여성은 처녀로 결혼해야 한다〉는 계율이 존재했다. 그것은 처녀막이 인간의 여성에게만 있는 것이라는 이유 때문이었다. 이것은 당시까지만 해도 움직일 수 없는 사실이었다.

포유동물 가운데 처녀막을 가지고 있는 것은 인간뿐이라고 알려졌던 것이다. 인간과 가장 가깝다고 하는 침팬지를 비롯해 유인원에게도 처녀막은 없다. 그래서 처녀막을 지나치게 숭고한 것으로 생각한 나머지 종교에서는 여성의 정숙을 요구하는 근거로 삼았던 것이다.

그러면 과연 처녀막은 인간의 여성에게만 있는 것일까.

19세기 초에 놀랍게도 두더지에게서 처녀막이 발견됨으로써 처녀막이 인간의 여성에게서만 찾아볼 수 있다는 신화는 깨지고 말았다. 〈여성은 처녀로 결혼해야 한다〉는 신화는 아직도 많은 사람들의 의식을 사로잡고 있기는 하지만.

바퀴벌레는 왜 배를 뒤집으며 죽을까

　별로 기분 좋은 이야기는 아니지만 바퀴벌레가 죽는 스타일
은 대개 정해져 있다. 살충제를 먹은 바퀴벌레는 배를 하늘로
한 채 뒤집혀져서 죽는다. 하늘을 보며 죽는 것은 바퀴벌레만
이 아니다. 매미, 하늘가재, 귀뚜라미, 무당벌레, 파리 등 많
은 곤충도 똑같은 이유로 뒤집혀져서 임종을 맞는다.

그 비밀은 바퀴벌레의 3쌍 6개의 다리에 숨겨져 있다. 이처럼 다리 수가 많고 기다란 이유는 체중을 잘 분산시켜 어떠한 곳이나 균형잡힌 자세로 손쉽게 가기 위해서다. 그런데 죽으면 다리의 관절을 통제하는 근육이 화학변화를 일으켜 수축해 버린다. 즉, 바퀴벌레의 6개 다리는 몸의 안쪽을 향하여 자연히 오그라든다. 이렇게 되면 바퀴벌레 같은 체형을 가지고 있는 곤충은 균형을 잡을 수 없게 된다. 따라서 하는 수 없이 뒤집혀져서 하늘을 보는 자세가 되어버리고 만다.

그런데 개중에는 위험이 닥치면 몸을 뒤집어 죽은 시늉을 하는 곤충도 있다. 그러나 자세히 보면 다리의 위치가 진짜 죽었을 때와는 다르다는 것을 알 수 있다.

더욱 즐거운 지적 탐험을 위한 페이지

가장 예민한 혀 끝의 감각

사람의 감각이 가장 잘 발달된 곳은 혀 끝이다. 흔히 항상 물건을 만지는 손가락 끝의 감각이 가장 잘 발달되었으리라 생각하기 쉽다. 1mm 사이로 벌어진 2개의 뽈록한 점을 혓바닥은 정확하게 2개라고 알아맞히지만 손가락은 1개로 밖에는 느끼지 못한다. 손가락이 알아맞힐 수 있으려면 2mm 이상의 거리로 벌어져야 한다. 가장 감각이 둔한 곳은 등이다. 발바닥은 2cm, 히프는 1cm 정도 벌어진 2개의 점을 식별해내지만, 등은 5cm 떨어진 2개의 점도 하나로 느낄 만큼 둔한 감각을 갖고 있다.

상기도(上氣道)와 코골이

상기도는 코에서 목구멍으로 이어지는 공기의 통로다. 공기가 이곳을 통과할 때 저항음이나 마찰음이 발생하는데 이것이 바로 코고는 소리의 정체다. 평상시에는 코를 골지 않다가 피로할 때면 코를 골거나 심해지는 이유는 피로가 풀리면서 상기도(上氣道)가 좁아지기 때문이다. 또 과음했을 때 코를 고는 것은 비강 안의 모세혈관이 알코올로 인해 충혈되어 상기도가 좁아졌기 때문이다. 코를 자주 고는 사람은 선천적으로 이 상기도가 좁거나 목젖이 너무 길어서, 혹은 콧병 등으로 콧물이나 분비물이 항상 고여 있기 때문이다.

좌뇌와 우뇌

대뇌는 두 개의 반구로 구성되어 있는데 우측 반구는 인체 좌측의 운동과 감각을 다스리고, 좌측 반구는 인체 우측의 운동과 감각을 다스린다. 따라서 대부분의 사람들은 오른손잡이기 때문에 뇌의 좌반구가 우위를 차지하고 있다. 왼손잡이의 경우는 뇌의 우반구가 우위를 차지한다. 왼쪽은 말하기, 읽기, 쓰기, 계산 등의 기능을 관장한다. 오른쪽은 주로 문화적인 내용으로 시각적인 인식, 예술, 추상적 사고 등에 밀접한 관련이 있다.

위스키 WHISKY인가 WHISKEY인가

위스키의 어원은 켈트어의 「생명의 물」이란 뜻을 가진 「우슈크 베아」에서 비롯되었다. 영어로는 Whisky라고 쓰기도 하고 Whiskey라고 쓰기도 한다. 어미에 key가 붙고 붙지 않았다고 해서 열쇠 있는 위스키, 열쇠 없는 위스키로 구분되기도 한다. 위스키의 본고장인 영국에서도 스코틀랜드산과 아일랜드산이 있어 각기 자신의 고유명칭을 내세우려 했다. 결국 아일랜드산에는 이 key를 붙이게 되었다. 그 뒤 미국에서도 수입품과 국산품을 구별하기 위해 미국에서 생산한 위스키에만 key를 붙였다.

사우나와 체중감량

우리나라의 사우나는 주로 숙취를 풀거나 체중을 줄일 목적으로 이용되는 경

우가 많다. 그러나 음주로 내장이 피로해 있을 때 들어가면 건강을 해치게 된다. 체중도 땀을 흘린 만큼 일시적으로 감량될 뿐이다. 피하지방까지 용해되어 유출되는 것은 아니므로 감량 전의 권투선수가 아니라면 별 효과는 없다.

호프 1g

맥주 특유의 향기와 쓴맛은 호프로부터 나온다. 호프는 뽕나무과에 속하는 다년생 만성(蔓性)식물, 즉 덩굴이 있는 식물이다. 꽃은 암수로 나뉘어 여름에 피며, 꽃색깔은 황록색이다. 솔방울과 같은 타원형의 열매를 맺는다. 맥주를 만들 때는 보리즙을 여과해서 가라앉힌 후 수정하지 않은 암꽃을 건조시켜 첨가한다. 단 1g으로 맥주 1병의 향기를 좌우한다.

기억력의 3가지 기능

기억력은 세 가지 기능으로 구성되어 있다. 옛날 일을 계속 기억하고 있는 「보유력」, 새로운 것을 기억하는 「기명력(記銘力)」, 필요한 기억을 끄집어 내는 「상기력」이 그것이다. 나이가 들면 보유력은 그대로인 반면 기명력과 상기력은 점점 저하된다.

종달새형 인간과 올빼미형 인간

밤에는 정신이 맑고 늦게까지 자지 않는 올빼미형 인간과 아침 일찍 일어나서 아침 나절에 중요한 일을 처리하고 일찍 잠자리에 드는 종달새형 인간이 있다. 이것도 1일 주기의 리듬에 의해 설명할 수 있다. 종달새형은 내향적이고 사색적인 사람이 많다. 올빼미형은 대개 좀더 외향적이다. 육체노동자에 종달새형이 많은 반면, 정신노동자들은 올빼미형이 많다. 특이한 사실은 올빼미형이 종달새형보다 잠자리에 늦게 들지만 양쪽이 거의 비슷한 시간에 일어난다는 점이다. 종달새형의 경우 체온과 능률이 보다 빨리 상승하지만 저녁이 되면 내리막길을 걷는다. 한편 올빼미형은 그 시각에도 여전히 오르막길을 유지하고 있다.

잠 안 재우기 고문

인간이 만들어 낸 최초의 고문은 단식과 단면(斷眠)이었다. 이 가운데 더 견디기 힘든 것은 단면 쪽이었다고 한다. 고대 중국에서는 펄펄 끓는 기름을 한 방울씩 몸에 떨어뜨려 잠을 못 자게 했다. 러시아나 프랑스에서는 앉지도 서지도 못하게 만든 특수한 상자 속에 사람을 집어넣든가, 캄캄한 암실에 가두어 놓고 갑자기 강한 빛을 비춰 잠을 못 자게 하는 방법을 썼다. 이러한 단면 고문에 버틸 수 있는 시간은 정상적인 방법으로 실험한 것보다 빠른, 대개 72시간으로 알려져 있다. 72시간을 넘기면 뇌신경 세포가 파괴되어 정신이

상을 일으키게 된다.

여성용 콘돔

여성용 콘돔의 시초는 파마칼사가 1989년부터 시판에 들어간 풍선 모양의 WPC-333이라고 명명된 여성용 피임기구이다. 이 콘돔은 폴리우레탄 제품으로, 두 개의 링을 끼워넣은 기다란 풍선형이다. 물론 일회용이다. 에이즈와 같은 악성 성병의 출현을 계기로 개발된 것으로 여성이 스스로 자유롭게 그리고 확실하게 피임을 조절할 수 있다는 장점이 있다. 또한 질 내부에 삽입하는 고리를 질 입구 쪽으로 약간 당김으로써 여성의 질과 남성의 성기를 여러 가지 질병으로부터 예방을 할 수 있는 획기적인 피임기구라고 한다.

7장

인류의 생활을 바꾼 물건의 유래

미라에는 어떤 방부제를 썼을까

기원전 3000년경 이집트에서는 죽은 사람의 몸을 그대로 보존해두면 언젠가 그 몸에 혼이 돌아온다는 미신이 있었다. 그 결과 미라 만들기가 성행했고 이를 위한 연구들이 상당한 수준까지 진행되었다.

텔레비전이나 사진을 통해 보면 이 미라의 온몸에 붕대 비슷한 것이 감겨져 있는 모습을 볼 수 있다. 하지만 그것은 붕대가 아니다. 썩지 않도록 하는 식물 성분을 아마(亞麻)로 짠 천에 주입시킨 아마포이다. 그것을 시체에 감으면 썩는 것을 방지한다. 그런데 대체 어떤 방부제를 사용하기에 몇천 년이 지나도 썩지 않는 것일까.

이집트에서 초기 미라에 사용한 방부제는 〈시나몬〉이라고 하는 계피의 일종이다. 이 계피에는 강한 살균력이 있고 심지어 냄새로 초파리까지 죽여 버리는 작용도 한다. 이집트에서는 이것을 입수하기 위해 멀리 시바 지방(소말리아) 땅으로 계

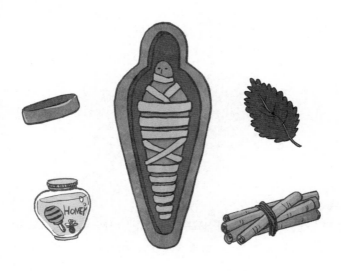

속 원정대를 보내곤 했다. 시나몬 외에도 아프리카에서 나는 미라나무의 수지(樹脂)로 만든 약도 사용되었다.

기원전 1000년경이 되면 이집트에서는 미라 전용의 〈키피〉라고 하는 배합 방부제가 사용된다. 키피는 위의 두 가지 성분 외에 창포의 뿌리, 박하의 잎, 송진, 꿀 등을 혼합한 것이다. 당시 이집트 사람들은 이 키피를 흙과 이끼에 섞어 뇌와 내장을 제거한 시체 안에 넣고, 앞에서 말한 방부제가 배어 있는 천으로 몸을 감음으로써 완벽한 미라를 만들어 냈다.

토양과 기후조건에 따라 천연적으로 보존된 미라는 아프리카 사하라 지방에서 많이 발견되고 있다.

옛날 사람은 무엇으로 치약을 대신했을까

이제 칫솔과 치약은 우리의 생활에서 떼려야 뗄 수 없는 필수품이 되었다. 현대과학은 값싼 가격으로 치약을 넣는 편리한 튜브와 충치 예방에 도움이 되는 치약 등을 만들어 내고 있다. 하지만 우리나라에서 치약이 일반화된 것은 그리 오래전의 일이 아니다. 지금은 수십 종의 치약이 선을 보이고 있지만 20년 전만 해도 시골에서는 소금으로 입 안을 헹구는 것이 다반사였다. 그러면 과연 옛날 사람들은 무엇으로 치약을 대신했을까.

현대에 사용되고 있는 치약은 많이 발전했다고는 하지만 탄산칼륨, 중탄산 소다, 소금, 그리고 조지 워싱턴이 즐겨 사용했다는 백악(석회질의 흰 암석) 등 초기의 청정제에서 크게 발전한 것은 아니다.

고대 그리스 의학자 히포크라테스는 산토기 머리와 생쥐 세 마리를 불에 태워 만든 조합제를 즐겨 사용했다. 여기에는 인산 칼륨

이 포함되어 있는데 오늘날 치아에 쓰기에는 너무 거칠다. 로마의 정치가이자 학자인 플리니우스는 탄산 칼슘이 들어 있는 달걀껍질을 불에 태워 부드러운 연마제로 사용했다.

아랍인들은 이라크 관목으로 만든 연필 모양의 섬유를 이 닦는데 사용했다. 이라크 나무의 목재는 중탄산나트륨이 다량 함유되어 있어 효과적인 치약 역할을 했는데, 이것이 칫솔의 시초라고도 할 수 있다.

그 외에도 박쥐의 배설물, 쇠의 녹, 사향 등 매우 이색적인 물질이 표백제로 사용되기도 했다. 더욱 놀라운 일은 젊은이의 오줌이 구강 청량제로 사용된 적도 있다. 지금 생각하면 혐오스럽고 위험천만한 것으로 보일 수도 있겠지만 불과 얼마 전까지만 해도 많은 회사들이 구강 위생에 위험스러운 약품을 첨가해 치약을 만들어 팔았다. 지금도 암을 유발한다는 경고에도 불구하고 사카린이 인공감미료로서 첨가된 치약이 많다.

크리넥스 티슈는 원래 군용 제품이었다

티슈로 코를 풀거나 식사 후에 입을 닦는 일은 현대인에게 있어서는 너무나 당연한 일이다. 그러면 이처럼 편리한 것이 도대체 언제부터 시작되었던 것일까. 그것은 1914년, 제1차 세계대전이 한창이던 시기로 지금으로부터 겨우 101년 정도밖에 되지 않는다.

이때 미국 병사들 사이에는 붕대로 쓸 천이 부족했다. 여기에 주목한 킴벌리 클라크사는 흡수성이 뛰어나고 상처에도 댈 수 있는, 〈셀 코튼〉이라는 부드러운 종이를 개발했다.

이 종이는 무엇보다 사용하기 편리했기 때문에 군대에서는 가스 마스크용의 에어 필터로도 사용되었다. 이에 따라 킴벌리 클라크사는 계속 대량생산을 했다. 그런데 전쟁이 끝나자 이미 만들어졌던 수많은 종이가 남게 되었다.

그러자 클라크사는 〈멋쟁이 아가씨의 화장 지우개〉로서 시장에 판매를 개시했다.

그런데 그 후 킴벌리 클라크사에 〈이 종이로 코를 풀면 매우 좋다〉라는 편지가 쇄도해 왔다. 회사의 판단과는 달리 이 종이는 화장 지우개로서 뿐만 아니라 그 외의 용도로도 널리 사용된 것이다. 회사로서는 기분 좋은 오판이었다. 그 후 클라크사는 〈크리넥스 티슈〉라는 이름으로 이 휴지를 대량 생산 보급했다.

원래 서구인들은 휴지로 코를 풀지 않았다. 대개는 손수건을 이용했다. 그런데 이 크리넥스 티슈의 경우 부드럽고, 일회용이라는 점에서 청결함도 갖추고 있었기 때문에 코를 푸는 데 적격이었다. 특히 서구인들은 눈물을 흘릴 때 동양인보다 콧물의 분비가 많았으므로 사용 빈도도 상대적으로 높을 수밖에 없었다.

1920년대에는 상자에서 한 장씩 티슈를 꺼낼 수 있는 〈팝업박스〉가 개발되었다. 그러자 〈크리넥스 티슈〉라는 이름이 붙은 이 종이는 각 가정에 엄청난 기세로 침투해 들어가기 시작했다.

빗은 원래 벼룩과 이를 잡는 도구였다

　빗이 처음으로 역사에 등장한 것은 신석기 시대의 일이다. 이 당시 유물 가운데는 나무와 동물의 뿔로 만들어진 것이 있다. 고대 이집트 시대에는 상아로 만든 빗도 있었다. 그렇지만 이들 빗은 빗살 만드는 기술이 뛰어나지 못했기 때문에 머리카락을 제대로 빗는다는 것은 불가능했다. 이것이 원인이 되었는지는 확실치 않지만 빗은 그 후에도 상당한 기간 동안 지금의 빗이 사용되는 것과는 다른 용도로 활용되었다.

　17세기에 들어선 후에도 상황은 크게 다르지 않았다. 루이 13세(1601~1643)의 탄생에서부터 죽음에 이르기까지 주치의 역할을 맡았던 장 엘로아르의 일기에 의하면 빗은 머리카락을 빗는다기보다 머리가 벼룩과 이의 요새가 되는 것을 방지하기 위해 사용되었다고 한다.

　당시는 몸을 씻거나 목욕탕에 들어가는 풍습이 거의 없었기 때문에 당연히 머리도 감지 않았다. 이런 상황에서는 청결히

한다는 것 자체가 무리였다.

　머리카락 사이에는 수많은 벼룩과 이로 득실거렸다. 따라서 당시 사람들은 벼룩과 이에게 머리를 점령당하는 것을 막기 위한 목적만으로 빗을 사용했다.

　이것과 비교한다면 우리나라의 참빗은 이를 잡는 훌륭한 도구일 뿐만 아니라 머리 손질에도 적극 활용되었다는 점에서 유럽의 빗보다 훨씬 뛰어난 것임에 틀림없다. 참빗은 대쪽을 잘게 쪼개서 살을 만들고 앞뒤로 대쪽을 대어 굳힌 빗이다. 일단 얼레빗 등으로 빗어 내린 머리에 참빗질을 하면 때도 잘 빠지고 결도 고와진다. 때로는 빗에 솜을 덧대어 빗질을 하여 머리카락의 때를 빨아내기도 한다.

　우리나라의 빗 종류는 참빗을 제외하고도 수십 종에 이를 만큼 예로부터 우리 조상들은 머리 손질에 대한 관심이 남달

랐다. 남자들도 상투를 틀 때 면빗이라고 하는 작은 빗을 사용했다. 이 면빗은 느티나무 같은 단단한 나무로 만들었는데 크기도 작고 발도 촘촘해 주로 머리카락을 결에 맞추어 땋을 때 흐트러진 머리카락이 없도록 가다듬어 넘기는 빗이다.

담배는 독이 아니라 약이다

　건강이 무엇보다 중요한 시대인지라 금연 운동이 전 세계적으로 벌어지고 있다. 담배 갑에도 암을 유발할 수 있다는 무시무시한 경고문이 있고 각종 질환의 원흉으로 담배가 첫째로 꼽히고 있다. 지금은 이렇게 담배가 건강에 최대 적으로 떠오르고 있지만 아이러니컬하게도 처음엔 담배가 약으로 사용되었다.

　담배는 신대륙을 발견한 콜럼부스가 전래한 물품이다. 아메리카의 인디언은 담배 나무 잎을 타바코(tobacco)라고 불렀다. 그런데 이 인디언들이 사용하는 담배의 기원은 마야 문명까지 거슬러 올라간다.

　마야 문명에서는 태양신이 숭배되었다. 태양이 곧 불의 구슬이라는 믿음으로부터 불과 연기가 신성시되었다. 따라서 독특한 향의 연기도 낼 뿐만 아니라 그것을 마시면 좋은 기분이 드는 담배연기에 불의 신 정령이 존재한다고 믿었다.

콜럼부스 일행과 만나는 각지의 인디언들은 이 잎에 불을 붙여 담배연기를 그들의 몸에 뿜어 댔다. 이것은 손님을 맞는 인디언의 고유한 관습이었다. 또한 인디언은 담배를 이처럼 신성한 의식에 사용할 뿐만 아니라 다양한 질병의 치료에 약으로 사용했다. 인디언들은 담배를 외상, 기침, 치통, 매독, 류머티스, 기생충, 발열, 딸꾹질, 천식, 동창, 편도선염, 위병, 두통, 코감기 등의 치료약으로 널리 활용했다.

의학적으로도 담배의 성분인 니코틴에 진정 효과가 있고 질병 치료에도 효과가 있다는 것이 증명되고 있다.

신대륙에 담배가 전해지면서 포르투갈 수도이자 항구인 리스본에서 특히 흡연 풍습이 광범위하게 퍼져 나갔다. 그리고 이곳에 모였던 유럽 각국의 사람들에 의해 곧바로 흡연은 유럽 전역으로 퍼져 나갔다. 리스본에 체류하고 있던 교황의 사절 산타 클로체가 1561년 교황에게 담배 종자를 헌상했다고 하는 기록도 남아 있다. 이것은 물론 효험 있는 약초로서 헌납된 것이었지만 수도자들 사이에서도 흡연은 광범위하게 퍼져 나갔다. 교황 올바누스 8세는 수도자의 흡연은 신을 더럽히는 것이라고 규정하고 파문을 무기로 흡연을 금하는 교서를 내리기도 했지만 효과가 전혀 없을 정도였다.

또한 1559년 리스본 주재 프랑스 대사인 장 니코가 당시 프랑스 국왕인 프랑소와 2세와 모후인 카트리느 드 메디치에게 의약용으로서 담배를 헌상했다. 카트리느는 두통약으로 이

분말 담배를 애용했다. 이 때문에 담배는 〈왕비의 약초〉라 불린 적도 있다. 그 뒤에 프랑스에 담배를 들여온 장 니코를 기념해 니코타이나(니코틴)라 불렀는데 이것이 담배의 학명이 되었다.

햄버거는 아시아에서 시작되었다

어떤 나라든 자본주의 상품 중 가장 먼저 들어가는 것이 코카콜라와 햄버거라고 하는데 모스크바 중심부에 개장한 맥도날드도 역시 러시아인들의 선풍적인 인기를 끌었다고 한다. 이처럼 햄버거는 자본주의, 특히 미국을 상징하는 대표적인 식품이다. 그런데 햄버거는 햄이 들어 있는 것이 아닌데 왜 햄버거라고 하는 것일까.

햄은 원래 돼지고기를 소금에 절여 만든 훈제 식품이고 햄버거는 빵 사이에 소, 돼지 등의 잘게 다진 고기를 빵가루와 양파를 섞어 둥글게 뭉쳐 구운 햄버거 스테이크를 넣으므로 완전히 틀린 식품이다.

햄버거가 탄생하게 된 배경을 찾아보면 의외로 러시아까지 거슬러 올라간다. 햄버거의 기원은 독일에서 생긴 〈햄버거 스테이크〉인데 이 또한 13세기경 러시아와 유럽을 공략했던 몽골인(타타르인)들이 먹었던 〈타타로 스테이크〉에서 유래한 것이다.

옛날 중국에서 약간 경멸하는 어조로 〈달단인〉이라 불리던 몽골족은 아시아의 북동부에 있던 퉁구스족의 일원이다. 13세기경 징기스칸이 이 퉁구스족을 통일하고 강대한 몽골제국을 수립, 광대한 주변을 공략했다. 그들을 두려워했던 유럽 사람들은 몽골제국 가까이 있던 터키인이나 퉁구스족을 함께 〈타타르인〉이라고 불렀다. 이 타타르란 그리스 신화에서 지옥을 가리키는 〈탄달로스〉에서 생긴 말이다.

기마민족이었던 몽골인들은 흔히 고기를 날로 먹었다. 하루 종일 고되게 말을 달린 때는 안장 밑에 고기 조각을 넣어 연하게 만들었다. 이렇게 해서 연해진 고기 조각을 소금, 후추, 양파즙으로 맛을 더해 생야채와 함께 날로 먹었다고 한다. 이것이 〈타타르 스테이크〉의 원형이다.

이 음식은 14세기부터 조금씩 유럽에 파고들었다. 영국인들이 이 생고기를 불에 넣어 살짝 구운 것을 고안해 냈다. 그리고 이런 것을 흉내 내기 시작해 가정 요리의 정식 메뉴로 받아들인 것은 독일이다. 독일에서는 특히 가난한 노동자들이 많은 함부르크에서 대단한 유행이었다. 후에 이곳을 찾은 외국인들이 함부르크의 스테이크란 의미로 〈함부르크 스테이크(hamburg steak)〉라고 불렀다고 한다. 이 스테이크를 함부르크 태생 음악가인 브람스와 멘델스존이 즐겨 먹었다는 기록도 있다. 19세기가 끝날 무렵 유럽에서는 이 음식을 햄버거라고 부르는 것이 일반화되었다.

이 음식이 토스트 사이에 넣어져 비로소 지금의 햄버거와 같은 모습을 하게 된 것은 20세기 미국에서의 일이다. 1900년 미국 코네티컷 주 뉴헤브린의 루이스라셍이라는 작은 레스토랑이 근대 햄버거의 발상지로 이 레스토랑에는 지금도 기념비가 있다고 한다.

햄버거가 세인들의 주목을 받게 된 계기는 1904년 세인트루이스 박람회였다. 이 박람회는 미국이 프랑스로부터 루이지애나 주를 사들인 사건을 기념해 행해졌는데 사람 수가 너무 많아 자리에 앉아 식사할 장소가 없었다.

이때 히트를 친 음식이 바로 햄버거였다. 서서도 먹을 수 있을 뿐 아니라 걸어 다니면서도 먹을 수 있었기 때문에 이 새로운 메뉴는 대호평을 받았다. 햄버거의 대명사인 맥도널드가 등장한 것은 1955년의 일이다.

영국에서 홍차가
국민적인 음료로 발전한 까닭은

　세계인이 가장 애용하는 음료는 아마 커피일 것이다. 그런데 유독 여기에서 예외인 나라가 있다. 그것은 바로 영국이다. 영국은 홍차의 나라라고 할 만큼 홍차에 대한 기호도가 커피를 능가하고 있다. 영국을 홍차의 나라라고 하는 것도 그런 이유에서 때문이다. 그런데 왜 영국인들은 홍차를 유달리 좋아하게 된 것일까. 영국 특유의 습기 찬 기후가 작용한 것일까. 하지만 답은 매우 엉뚱한 곳에 숨어 있다.

　중세의 영국에서 설탕은 귀족계급조차 손에 넣기 힘든 귀중품이었다. 당분은 오로지 꿀에서만 취할 수 있었기 때문이다.

　그런데 1509년부터 1547년에 걸쳐 재위한 영국의 헨리 8세는 교황청과 대립해 국왕절대법을 제정하고 수도원을 해산시켜 버렸다. 몇 번에 걸쳐 이혼과 재혼을 거듭했다는 이유로 캐서린과의 결혼을 무효화시킨 교황청에 대한 보복이었다. 이것이 꿀의 부족을 초래하게 되었다. 수도원에서는 자신들의 행사에 양초를 밝히기 위해 꿀벌을 기르고 있었기 때문이다. 덕분에 설탕을 구하기란 하늘에 별따기였다. 설탕은 희귀품이 되었고 이 상태는 1세기 동안 계속되었다. 그렇지만 엘리자베스 1세 등은 독일에서 온 여행자 파울 헨터 등에게서 구한 설탕의 과다섭취로 충치가 발생하기도 했다. 즉 극소수의 권력자 층에서는 설탕을 어떻게든 구입해 자신들만의 독특한 기호품으로 삼았다.

그러나 1662년 5월 20일 포르투갈 여왕이 찰스 2세에게 시집오면서 사정은 완전히 바뀌게 된다. 그녀가 당시로서는 아직 진귀했던 홍차를 영국의 궁정에 들여온 것이다. 또한 매우 비쌌던 설탕 가격도 신대륙과의 무역으로 사탕수수 등이 들어왔으므로 적당한 수준으로 떨어졌다. 이것이 계기가 되어 외래품인 차에 외래품인 설탕을 넣어 마시는 것이 상류계급의 유행으로 급속히 퍼져 나갔다. 1655년 한 해 동안 영국에 수입된 설탕은 88톤도 되지 않았으나 1700년에는 약 1만 톤에 이르러 런던에만 다방 수가 3,000여 개를 헤아리게 되었다.

하지만 아직도 상류층에 국한된 관습이었다. 이것이 일반 대중에게까지 널리 퍼진 것은 산업혁명의 시기였다. 산업혁명 초기 노동자들은 장시간 노동과 저임금 속에서 삶의 희망을 잃고 알코올 중독에 빠져들었다. 결국 자본가들은 술을 마시지 않는 근면한 노동력을 원하게 되었고, 정부와 함께 금주운동을 벌여 나갔다. 동시에 술을 대신하는 음료로서 홍차가

권장되었다. 이를 계기로 홍차를 마시는 관습이 일시에 서민들 사이에 퍼져 나갔고 홍차는 영국의 국민적 음료로 되었다.

하지만 다시 시간이 흘러 제2차 세계대전 때에는 영국 육군 아침식사 때 장교는 커피밖에 마시지 않았고 홍차를 마시는 것은 오로지 일반 사병들뿐이었다고 한다.

그런데 영국의 식민지였던 미국에서는 왜 홍차보다 커피가 훨씬 일반적인 음료로 되었을까. 원래 독립 이전, 아메리카의 동부 식민지에서는 영국으로부터의 이주자가 많았기 때문에 압도적으로 홍차 팬이 많았다. 영국 동인도회사는 이곳에서도 중국에서의 홍차수출로 수입을 올리고 있었다. 하지만 영국으로부터 독립운동 폭발점이 되는 보스턴 차 사건 이후 〈차 조례〉에 대한 반대운동 속에서 차를 보이콧하고 그 대신 커피를 마시는 사람이 급증했다. 그 전통이 지금도 남아 현재의 미국에서는 홍차보다 커피가 훨씬 더 유행하게 되었다.

세계에서 가장 먼저
대량으로 금을 채굴한 나라는

금은 극히 미량이지만 지구상의 거의 모든 암석, 모래, 바닷물에 포함되어 있다. 공기와 수중에서도 산화하지 않고 아름다운 광채를 발하는 금속이다. 고대부터 사람들은 금을 채굴하고 이용하는 방법에 대해 온갖 지혜를 동원했다.

해안의 모래사장에서 무수한 사금이 태양빛에 반사되어 빛나는 것을 본 적이 있을 것이다. 고대인도 처음엔 이 사금으로부터 금을 채취하는 방법을 배웠다. 사금의 채굴은 비교적 쉬운 편이다. 금의 비중이 무겁다는 것을 이용해 채로 물과 함께 모래를 들어 휘저으면 금이 아래로 가라앉는다. 그러나 이것은 극히 소량의 금을 얻기 위해 그 몇천 배에 해당되는 모래를 흘려보내지 않으면 안 된다는 것을 의미한다.

세계 역사상 가장 일찍 대량으로 금을 채굴하기 시작한 것은 바로 이집트인들이다. 유명한 투탕카멘 왕의 묘에서 엄청난 양의 금제품이 출토되었다. 황금마스크, 황금의자, 침구,

장신구 등 4,000점 이상의 금으로 만든 부장품이 묻혀 있었다. 압권은 투탄카멘의 미라를 넣은 삼중관이었다. 이것은 모두 금으로 만들어졌고 그 금의 무게가 110kg에 달한다.

이 왕의 묘에서 알 수 있듯이 고대 이집트에서는 많은 금이 사용되었다.

그러면 그 금은 과연 어디서 얻어진 것일까. 그것은 다름 아닌 나일강 중류와 상류에 있는 누비아 지방의 사금광상에서 채굴된 것이다. 전문가의 추정으로는 이 지방의 금이 고갈될 때까지 거의 250㎢의 토지가 깊이 2m까지 파여졌을 것이라고 한다. 나일강의 델타 지대는 이 광대한 양의 모래에 의해 형성되었다고 해도 지나친 말은 아닐 것이다.

기원전 2000년경에는 이 누비아 지방의 금이 모두 동이 났기 때문에 더 상류의 금광맥, 세계에서 가장 오래된 금산이라고 일컫는 비샤리 금산이 개발되어 금 생산의 중심지가 되었다. 비샤리 금산은 이후 프톨레마이오스 왕조의 이집트 왕국과 로마의 권력자에 의해 생산이 계속 이어졌다. 클레오파트라와 로마의 귀부인들의 몸을 장식한 황금 악세사리는 대부분 이 금산에서 만들어진 금이다.

고대의 문명을 이끌어간 다른 대제국들도 이집트와 마찬가지로 모두 금이 대량으로 산출되는 지역을 자신의 지배하에 두면서 발전해갔다. 하지만 이집트에 미칠 바는 아니었다.

다이아몬드는 왜 비쌀까

　남아프리카에서 다이아 광산의 발견으로 다이아몬드 왕이 된 세실 존 로즈가 설립한 드비어즈사는 현재 세계 다이아몬드의 30%를 생산하고 있다. 그렇지만 1929년 이 회사의 사장이 된 독일계 오펜하이머는 로스차일드 재벌의 후원을 받아 남아프리카에서 뿐만 아니라 세계의 금, 비철금속, 우라늄, 귀금속 생산을 장악한 거대한 다국적 기업 오펜하이머 재벌을 만들어 냈다.

　이 오펜하이머 재벌은 런던의 〈다이아몬드 신디케이트 (중앙판매기구)〉를 통해 세계 다이아몬드의 80~90%를 자신의 지배하에 두고 과거와는 비교할 수 없을 만큼의 엄청난 양의 다이아몬드를 생산하고 있다. 그런데 이렇게 다이아몬드의 생산이 많아지게 되면 그 가격은 당연히 줄어들어야 하는 것이 아닐까. 하지만 여전히 다이아몬드는 세계에서 가장 비싼 보석이다.

　그 비밀은 어디에 있을까. 그것은 바로 다름 아닌 〈최고의 보석, 다이아몬드의 신화〉를 전 세계 사람들의 머리에 심으려는 끊임없는 노력 때문이었다. 이 오펜하이머 재벌은 먼저 미국에서 젊은이들에게 〈약혼기념에는 다이아몬드를 선물한다〉, 〈다이아몬드는 깨지지 않는 영원을 약속한다〉는 사고방식을 심기 위해 1930년대부터 일대 홍보전략을 전개했고 결국 성공했다. 그 후 이 재벌은 1960년대 일본에서도 똑같은 홍보작전을 감행했다. 이 선전을 담당한 것은 세계 최대의 광고회사인 제이 월터 톰슨사로 이 또한 대대적인 성공을 거두었다. 그 이전에 다이아몬드 약혼반지를 선물한 커플이 5%에도 미치지 않았던 것이 현재는 70% 가까이 올라갔다고 한다.

　이렇게 오펜하이머 재벌은 세계 다이아몬드의 고가격을 유지하면서 높은 이윤을 올릴 수 있었다. 물론 상품 가격은 그 상품의 희소가치, 생산에 필요한 비용 등에 의해서도 좌우된다. 하지만 다이아몬드의 생산이 싼 임금으로 장시간 노동에 투여되고 있는 아프리카 흑인들에 의해 이루어지고 있다는 점을 고려한다면 생산에 필요한 비용은 그 정도로 높지는 않을 것이라고 한다. 다이아몬드의 고가격이 유지되고 있는 커다란 요인은 드비어즈사가 만들어놓은 〈다이아몬드 신화〉에 휘둘려 다이아몬드를 구입하는 수요자의 증대에 있다. 즉 다이아몬드에 높은 가치를 부여한 것은 순전히 사람들의 욕구라고 할 수 있다.

어쨌든 이처럼 고가격이 지속적으로 유지됨에 따라 보석용 다이아몬드는 전 세계적으로 가장 열광적인 투자의 대상이 되고 있다. 그 다이아몬드가 진짜인지 가짜인지도 구별하지 못하면서 다이아몬드를 갖고 싶어하는 사람들의 욕구 때문에 말이다.

풍차는 네덜란드의 창조물이 아니다

우리는 풍차하면 당연히 유럽, 특히 네덜란드를 연상한다. 그리고 네덜란드와 같은 특수한 자연환경이 만들어 낸 유럽 고유의 산물이라고 생각하기 쉽다.

하지만 풍차는 유럽에서 가장 먼저 생겨난 것이 아니다.

풍차의 기원은 기원전 3500년경으로 추정되고 있다. 하지만 풍차에 관한 가장 오래된 기록은 10세기경 이슬람의 지리학자 마스우디가 현재의 이란과 아프가니스탄 국경지대인 시스턴 지방에 제분용, 관개용 풍차가 있다고 한 글이다. 이 지방에서는 지금도 1년에 120일 동안 바람이 분다고 할 정도로 바람으로 유명한 지역이다. 스웨덴의 유명한 탐험가 스웬 헤딩도 이 지역을 방문했을 때 실제로 75대의 풍차가 성벽처럼 나란히 서서 움직이고 있다는 사실을 기록하고 있다.

이에 비해 유럽의 풍차에 관한 가장 오래된 기록은 1180년의 프랑스 노르망디 지방이다. 유럽의 풍차가 어디로부터 전해졌는가에 대해서는 여러 설들이 있지만 12세기 후반부터 갑자기 풍차에 대한 기록이 상당수 등장하는 것으로 보아 십자군 참가자가 이슬람 세계에서 배워온 것이라고 추정된다.

그러나 이 설에 대한 반론도 있다. 유럽의 풍차가 이슬람의 풍차와 형태가 다른 뿐 아니라 제3차 십자군 전쟁에 의해 유럽형 풍차가 거꾸로 이슬람 세계에 전해졌다는 것 때문이다. 이 사실을 바탕으로 유럽의 풍차가 독자적으로 개발되었다는 주장이다. 하지만 풍차가 유럽보다 이슬람에서 먼저 만들어졌다는 것은 틀림없는 사실이다.

어쨌든 풍차는 수차 정도는 아니지만 각종 동력으로써 중세 유럽에서 중요한 역할을 수행했다. 특히 저지대인 네덜란드에서 배수에 맹활약한 네덜란드 풍차는 유명하다. 네덜란드가 스페인으로부터 독립전쟁을 벌일 때 북부 7개 주에서 8,000대의 풍차가 있었다고 한다. 이 풍차는 지금도 네덜란드에서 일부 사용되고 있고 네덜란드를 상징하는 풍경이 되었다.

바람에 의존해야 하므로 동력원이 불안정하지만 근래에는 에너지 절약, 무공해라는 장점으로 인해 재평가되어 각국에서 연구되고 있다. 이미 미국 캘리포니아 지역 등에서는 대규모로 실용화되고 있다.

전기는 2천 년 전부터 사용되고 있었다

　백과사전 등에서 전기에 관한 항목을 찾아보면 전기 에너지의 발견은 18세기이지만 그것이 이용되기 시작한 것은 훨씬 후의 일이라고 나와 있다. 실제로 1600년경 〈마찰전기〉가 발견되기는 했다. 그리스인이 〈엘렉트론〉이라고 부르고 있던 호박(琥珀)이 마찰하면 가벼운 물체를 끌어당기는 현상으로 주목을 받았던 것이다. 그러나 본격적으로 전기에 대한 연구를 시작한 것은 볼로냐 대학의 해부학 교수 루이지 갈바니(1737~1797)였다. 그는 1789년 개구리 넓적다리를 이용한 실험에서 〈동물전기〉를 발견했다. 하지만 그는 개구리가 전기를 발생시킨다고 믿었다. 볼타에 이르러서야 전기를 발생시킨 것은 개구리 넓적다리에 댄 금속이라는 사실을 증명했다. 어쨌든 갈바니의 동물전기는 현대과학에서 전기의 최초 발견이라고 기록된다. 18세기에 이르러서야 겨우 전기를 발견했다는 이야기인데 놀랍게도 2천 년 전쯤 전기가 사용되고 있었다면 이 과학사는 다시 쓰여져야 하는 것이 아닐까.

1936년 독일의 고고학자인 빌헬름 케니히가 바그다드 근교의 파르티아인들의 거주지에서 연대가 예수의 탄생 전후였을 것으로 짐작되는 기묘한 기계를 발견했다. 이것은 높이 18cm의 도자기 꽃병으로 가운데에 약간 짧은 원통이 있고 녹슨 쇠막대기가 꽂혀 있었다. 꽃병에는 역청(歷靑; 천연산의 탄화수소 화합물의 총칭, 주된 것으로 고체인 아스팔트, 액체인 석유, 기체로 천연가스 등이 있다)과 아연의 잔해가 남아 있었다.

놀랍게도 이 도구를 조사한 결과 전류를 생성시키는 전지로 판명되었다. 전지에 들어가야 할 모든 부품이 구비되어 있고 절연재로써 사용되는 역청의 부스러기도 있었다. 여기에 산성 혹은 알카리성 액체를 듬뿍 넣기만 하면 전지로써 작동가능하다.

이것은 최초로 금도금에 이용되었던 갈바니 전기(1840년 베르너 지멘스 발명)의 원리와 동일하다. 이 파르티아인들의 전지가 전류를 만들어 낸다는 것은 1957년 미국 제너럴 일렉트릭의 실험에 의해서도 증명되었다.

그러면 그 옛날에 왜 이러한 전지가 필요했을까? 갈바니 전기처럼 금도금을 하기 위한 도구로 쓰였던 것은 아닐까? 이러한 의문을 부분적으로 해소하는 실험결과가 1978년에 나왔다. 이집트의 알네 에게브레히느란 학자가 이 고대의 전지를 가지고 실험한 결과 2시간 반 만에 작은 은조각상의 표면에 금도금을 성공적으로 할 수 있었다.

하지만 2천 년 전에 그 바빌로니아인들이 자연 속에서는 얻을 수 없는 시안화 금을 어떻게 얻을 수 있었는가 하는 부분에 의문이 제기되었다. 금도금에는 이 시안화 금이 반드시 필요하기 때문이다. 하지만 이 문제도 해결되었다. 시안화 금은 금박을 만들 때 조건이 나쁘면(?) 생길 가능성이 있다는 것이다. 그렇다고 해서 반드시 2천 년 전의 사람들이 금도금을 하기 위해 이 전지를 썼다는 확실한 증거는 없다. 다만 가능성이 있다는 사실이다.

어쨌든 이 파르티아인들이 시저와 클레오파트라가 활약하던 시대에 이미 전지를 만들었다는 것은 전혀 의심할 여지가 없다.

함무라비 법전에서도 등장하는 맥주

〈눈에는 눈, 이에는 이〉로 유명한 함무라비 법전에는 다음과 같은 맥주와 관련된 조항이 있다.

제108조: 만약 맥주집 여인이 맥주 대금을 곡물로 받지 않고 은으로 받으려 한다거나 곡물의 분량에 비해 맥주의 분량을 적게 할 경우 그 여자를 벌하여 물속에 처넣는다.

제109조: 만약 수배중인 범인이 맥주집으로 들어갔을 때 이 사람을 숨기고 당국에 연행되지 못하도록 할 경우, 이 맥주집의 여인은 사형에 처한다.

제110조: 만약 사원에 살지 않는 승려, 혹은 고위직 승려라도 맥주집을 열거나 맥주집에 맥주를 먹으러 들어가는 경우는 화형에 처한다.

제111조: 맥주집 여인이 60크아의 맥주를 신용으로 마시게 해 준 경우 수확할 때에 50크아의 곡식을 지불하지 않으면 안 된다.

여성 독자라면 이것을 읽고 심한 분노를 느낄지 모르겠다. 당시 메소포타미아에서는 여성의 지위가 현저히 낮았는데 맥주집은 반드시 여성이 경영했고 자신이 만든 맥주만 팔 수 있었던 모양이다. 이처럼 맥주는 함무라비 법전에도 등장할 만큼 대중적인 인기를 끌던 술이었다.

술은 자연의 작용으로 저절로 만들어진 술을 발견한 데서 시작된 것으로 생각된다. 고고학적으로 확인되는 가장 오래된 술은 서양에서는 포도주라고 한다. 즉 많은 술은 신석기인들이 밀, 보리, 기장을 재배하기 시작한 1만 년 전까지 거슬러 올라간다.

메소포타미아의 한 유적지에서는 기원전 7000년경의 것으로 추정하는 석판들이 출토되었는데 이 중에는 〈곡주를 만드는 방법〉이 적혀 있는 것도 있었다. 맥주도 이때쯤이 기원이라고 추측할 수 있다.

이 함무라비 법전에 나오는 것처럼 함무라비 왕 시대의 바빌로니아에는 대형 양조장이 있었고 바빌론은 맥주의 도시로 이름을 떨쳤다고 한다. 호프를 이용한 흑맥주, 적맥주 등 맥주의 종류도 풍부했다. 하지만 바빌로니아에서는 이미 기원전 4200년경에 맥주가 국민적 음료로 자리 잡고 있었다.

게다가 기원전 3000년경의 이집트에서도 맥주가 가장 대표적인 술이었다. 강의시간에 술을 먹으러 돌아다니는 학생이나 술을 먹고 강의시간에 들어오는 학생들을 걱정하는 교사의 기록이 남아 있는 등 술에 관한 한 지금이나 옛날이나 큰 차이는 없는 것 같다.

의치를 최초로 사용한 것은 언제일까

나이가 든 노인들이 의치를 한 모습을 가끔 본다. 그때마다 궁금한 것은 의치를 하고 껌같이 달라붙은 음식을 어떻게 먹을까 하는 점이었다. 이 문제는 1950년대 말에 해결이 되었다. 폴리테트라풀루오리티렌(PTIFRE)라는 긴 이름의 물질을 의치 위에 입혀 이 문제를 해결했는데 재미있는 것은 그 제안자가 껌회사였다는 사실이다.

오늘날 의치는 대개 플라스틱 아크릴수지로 만든다. 아직 자기(瓷器)를 쓰는 경우도 가끔은 있다. 그전에는 셀룰로이드로 만든 의치가 쓰이기도 했고 죽은 사람의 이빨로 산 사람의 의치를 하기도 했다. 그런데 셀룰로이드는 가연성이었기 때문에 담배를 피우다가 의치에 불이 붙기도 했다고 한다.

의치를 처음 쓴 것은 기원전 약 700년경 고대 로마 시대 전으로 에르투리아인이 중부 이탈리아를 지배하던 때였다. 그러니까 의치의 역사는 벌써 2,700여 년 전부터 시작된 셈이다.

당시의 유적을 발견한 곳에는 의치를 끼운 두 개골이 있었다. 이 의치는 뼈와 상아를 깎아서 금으로 가공한 것이었다. 그런데 아쉽게도 그들의 기술은 로마에 제대로 전수되지 못한 듯싶다. 그리고 그 후에도 수세기 동안 의치기술은 전수되지 못했다. 단적으로 영국의 엘리자베스 1세 여왕도 앞니가 빠져버리자 입술 밑에 천을 여러 겹 채워넣는 방법으로 얼굴이 일그러지는 것을 막아냈다고 한다.

　여왕이 이 정도였으니 일반 서민들은 얼마나 고생했을지 짐작이 가는 일이다. 실제로 가난한 사람들은 오히려 자신들의 이를 뽑아서 부자들에게 팔기도 했다고 하니 예나 지금이나 가꾸는 것은 부유한 사람들의 몫인가 보다.

더욱 즐거운 지적 탐험을 위한 페이지

사막 한가운데 사는 부시맨은 어디서 물을 얻을까

이 세상에서 가장 신기한 나무 중의 하나인 바오밥나무에서 얻는다. 커다란 병모양의 몸통에 기이하게 헝클어진 짧은 가지를 가진 이 나무는 약 5천리터의 물을 저장하는 거대한 물탱크다.

사탕은 왜 가만 놔둬도 녹는가

그것은 열 때문이 아니다. 사탕에는 습기를 흡수하는 성질이 있다. 즉 대기 중의 수분을 흡수하여, 그 결과 형태가 변화하는 성질을 가지고 있다. 습도 80% 또는 그 이상의 대기에 사탕을 노출시키면, 대기 중의 수분에 의해 사탕의 결정 표면에 있는 얇은 막이 녹게 된다.

17세기 유럽 귀족은 왜 가발을 썼나

17~18세기 유럽 음악가나 귀족의 초상화를 보면 대부분 가발을 쓰고 있다. 이것은 머리가 불결해 이의 소굴인 경우가 많았고, 게다가 이 때문에 남녀를 불문하고 머리를 완전히 밀어 버린 사람도 꽤 있었다. 따라서 사람들 앞에 나

설 때는 위의 두 가지 이유로 수치스러움을 피하기 위해 가발을 썼다.

연필은 얼마 동안 쓸 수 있을까

오늘날 보통 연필에는 56km의 줄을 그을 수 있는 흑연이 들어 있다. 연필 두 자루만 가지면 충분히 장편소설을 완성시킬 수 있는 양이다. 또한 화가는 화랑 하나를 가득 채울 수 있을 정도의 스케치를 그려 낼 수 있다.

차는 주방에서 일어난 실수

전설에 의하면 차는 기원전 273년 중국 황제 신농씨의 주방에서 일어난 실수에 기원을 둔다고 한다. 황제가 마실 물을 끓이고 있을 때 나뭇가지에서 떨어진 잎이 날려 주전자 속으로 들어갔다. 황제는 그 맛에 빠져 그때부터 이 차만 고집했다고 한다. 이것이 차를 마시게 된 시초였다.

담배는 왜 전매청에서 만들어 낼까

담배는 국가에서 전매제를 도입한 가장 오래된 상품 가운데 하나다. 1627년

이탈리아의 만토바 공국이 담배 전매제를 통한 수익을 국고에 충당한 것이 담배 전매제도의 최초다. 또 나폴레옹은 영국을 고립시키기 위해 1806년 대륙봉쇄령을 내렸는데 그 결과 유럽에 담배의 유입이 중지되고 담배의 가치가 급등했다. 나폴레옹은 여기에 주목해 1810년 담배 전매제를 부활시켰다(프랑스 혁명으로 전매제가 없어졌다). 이것이 오늘날 프랑스 담배 전매제의 시초라고 한다. 즉 담배는 국고를 불리기에 가장 적당한 상품이었던 셈이다.

커피의 종류

커피는 커피나무 열매를 볶아서 끓인 물을 우려낸 음료다. 볶은 콩의 주성분은 카페인(약 15%), 탄닌(약 4~5%), 지방(약 15%), 방향성분(약 40종) 등이다. 맛은 산지에 따라 다르다. 모카는 아라비아산으로 방향과 산미(酸味)를 지니고 있다. 콜럼비아는 남미산으로 감귤류와 비슷한 향기가 있다. 과테말라는 중미산으로 달콤한 향기가 특징이다. 블루마운틴은 자메이카산으로 단맛, 쓴맛, 신맛이 적당하다. 코나는 하와이산으로 강한 산미와 향기가 있으며 야성적이다. 만데린은 수마트라산으로 대표적인 커피인데 쓴맛이 있으며 모카와 쌍벽을 이룬다. 킬리만자로는 아프리카산으로 강한 산미와 특유의 향기를 갖고 있다. 브라질은 남미산으로 풍미를 고루 갖추고 있으며 분말용으로 알맞다. 롭스터는 인도네시아산으로 볶은 보리와 비슷한 냄새가 난다.

우주선을 만드는 데 금이 얼마나 사용될까

현대의 금은 컴퓨터를 시작으로 각종 계측기기, 가전제품 등에도 사용된다. 따라서 금은 현대과학 공업 기술을 지탱하는 중요한 소재라고 할 수 있다. 미국의 우주선 콜롬비아호는 약 40kg의 금이 사용된다. 현재 세계에서 산출되는 금의 약 70%가 보석용, 나머지가 공업용이다. 공업용 금의 70%는 미국과 일본에서 주로 전자공업용으로 소비하고 있다. 지금까지 인류는 약 10만 톤에 달하는 금을 채굴했고, 이 지구상에는 앞으로 10만 톤 정도의 채굴 가능한 금이 매장되어 있다고 한다.

홍길동의 형은 홍일동?

우리는 홍길동을 당연히 공상 속의 인물이라고 알고 있다. 따라서 서자인 홍길동의 형이 소설 속에서는 존재하지만 역사 속에는 없다고 믿을 것이다. 그런데 조선시대의 대학자 서거정(徐居正)은 살아있는 홍길동의 형에 대한 이야기를 적고 있다.

서거정이 쓴 「필원잡기(筆苑雜記)」라는 책에 보면 홍길동 형 홍일동이라는 사람에 대한 이야기가 있다. 이 사람은 세조 때의 사대부 출신으로 관직에도 나갔는데 본디 바른 말도 잘하고 문장도 뛰어났다고 한다. 게다가 대단한 대식가였다.

한 번은 진관사로 놀러갔는데 거기서 먹어치운 것이 떡 한 그릇, 국수 세 그릇, 밥 세 그릇, 두부와 청포 아홉 그릇이며 산을 내려와 산 아래에서 다시 삶은 닭 2마리, 생선국 세 그릇, 어회 한 그릇, 술 40여 잔을 더 먹었다고 한다. 결국 홍일동은 술을 너무 많이 마셔서 죽었다고 서거정은 쓰고 있다.

홍길동이 그의 동생이라는 말은 꼭 믿을 수 있는 것은 아니지만 성리학의 대가로 당대를 풍미하고 과거의 시험관 노릇을 무려 23회나 한 서거정의 책이니 안 믿을 수도 없는 노릇이다.